SPIRIT *of* AUSTRIA

Gelatin
Franz Graf
Markus Schinwald

Kuratiert von | Curated by Zdenek Felix

DISTANZ

KAI 10 | ARTHENA FOUNDATION

INHALT

CONTENTS

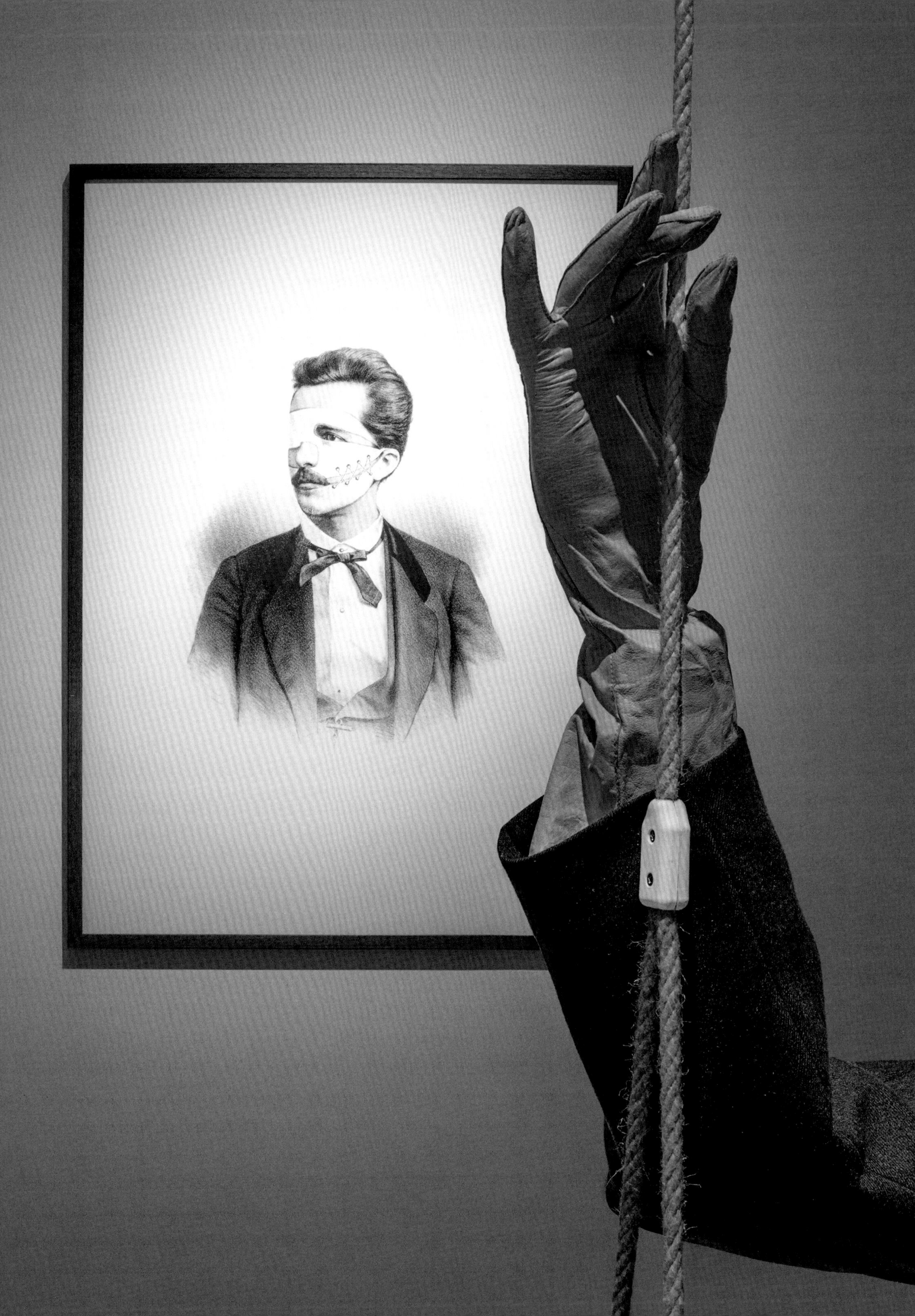

Vorwort
Monika Schnetkamp
Vorsitzende der Arthena Foundation

Die Ausstellung *Spirit of Austria* versammelt drei Positionen der österreichischen Gegenwartskunst und fragt – nicht ohne die landestypische Ironie – nach verbindenden Einflüssen und einer möglichen regionalen Färbung. Die gezeigten Werke der Gruppe Gelatin, von Franz Graf und von Markus Schinwald geben räumlich abgesetzt einen vertiefenden Einblick in das jeweilige Schaffen dieser drei international renommierten Künstlerpositionen. Dies geschieht ganz im Selbstverständnis des Ausstellungshauses KAI 10 | Arthena Foundation als kommunikative Plattform für zeitgenössische Kunst. Die Schau führt dabei sowohl unterschiedliche inhaltliche als auch mediale künstlerische Ansätze vor Augen: Die Rauminstallation der großformatigen Schwarz-Weiß-Gemälde und Graphit- und Tuschezeichnungen von Franz Graf hat auf den ersten Blick nicht viel gemein mit den bunten Plastilinbildern und farbigen Tischcollagen von Gelatin oder den psychodynamischen Porträts Markus Schinwalds. Und dennoch erschließen sich bei näherer Auseinandersetzung Überschneidungen wie der den Werken innewohnende humorvolle, aber auch kritische Unterton, eine exzessive Körperlichkeit, die Sichtbarkeit psychologischer Konstitutionen oder der Umgang mit Ornamentik, die mit Blick auf die österreichische Tradition sinnig und konsequent erscheinen. Diesen Tendenzen im globalen Zeitalter nachzufühlen und die Fragen nach Gemeinsamkeiten in der gegenwärtigen Kunstentwicklung Österreichs zu stellen, das ist neben dem Kunstgenuss der Mehrwert der Schau.

Für die erneut spannende und aktuelle Konzeption sowie die gelungene Installation der vielschichtigen Ausstellung in den Räumen von KAI 10 gilt mein Dank zuallererst dem Kurator Zdenek Felix. Mein besonderer Dank geht auch an die privaten Leihgeber, allen voran an die Slg. Wilhelm Otto Nachf. und Herrn Stefan Bidner vom Büro Weltausstellung, Wiener Art Foundation sowie an die Wiener Galerien Krinzinger und Meyer Kainer, ohne deren freundliche Leihgaben die Ausstellung in dieser Form nicht möglich gewesen wäre. Für die großzügige Unterstützung von Publikation und Ausstellung danke ich ferner unseren Förderern, dem Bundeskanzleramt Österreich sowie dem Österreichischen Kulturforum Berlin. Bedanken möchte ich mich weiterhin bei Prof. Robert Fleck, Kunstakademie Düsseldorf, für seine fundierte Eröffnungsrede und den aufschlussreichen Katalogtext, der gemeinsam mit dem Beitrag des Kurators Zdenek Felix einen bereichernden Einblick in das Werk der Künstler und die Tradition Österreichs gibt. Auch dem Team von KAI 10, namentlich Marion Eisele, Susanne Kalf-Muhtaroglu, Nora Krause, Paul und Ute Rosenthal, Julia Schleis sowie den Aufbauhelfern ein herzliches Dankeschön für ihr großes Engagement.

Aber die Hauptpersonen sind natürlich die Künstler: Gelatin mit den Künstlern Wolfgang Gantner, Ali Janka, Florian Reither und Tobias Urban, Franz Graf und Markus Schinwald. Ihnen verdanken wir diese anregende Ausstellung, zu deren Begleitprogramm der spannende Filmabend am 12. November 2015 in KAI 10 sowie die lebhafte Performance von Gelatin im Künstlerverein Malkasten am 19. Januar 2016 gehörten.

Markus Schinwald, Installationsansicht | installation view KAI 10

Preface

Monika Schnetkamp
Chairwoman Arthena Foundation

The exhibition *Spirit of Austria* combines three positions of Austrian contemporary art and prompts questions — not without the irony typical for the country — about connective influences and possible regional accents. The works presented by the group Gelatin, by Franz Graf and by Markus Schinwald are spatially set apart and provide an in-depth insight into the respective practice of each of the three internationally renowned artistic statements. This corresponds well with the self-conception of the exhibition space KAI 10 | Arthena Foundation as a communicative platform for contemporary art. The show illustrates how the artistic approaches vary both in terms of content and media applied: Franz Graf's spatial installation of large-format, black-and-white paintings and graphite and ink drawings, at first sight, have little in common with Gelatin's bright plasticine paintings and colorful table collages or Markus Schinwald's psychodynamic portraits. Yet once examined more intensively, overlapping characteristics are revealed, such as the humorous, but also critical undertone inherent in the works. Also apparent are an excessive physicality, the visibility of subconscious psychological states or a certain manner of dealing with ornamentation — all seeming sensible and consistent with regard to Austrian tradition. To trace and consider these tendencies in our Global Age, to raise questions concerning common aspects in the current development in Austrian art, this, besides enjoying the art itself, is what adds value to the show.

For the once more captivating and topical conception and the successful installation of the multi-faceted exhibition in the space of KAI 10, my thanks go, first and foremost, to the curator Zdenek Felix. I also give my special thanks to the private loaners, especially to Slg. Wilhelm Otto Nachf. and Mr. Stefan Bidner from the Büro Weltausstellung, Wiener Art Foundation and the galleries Krinzinger and Meyer Kainer from Vienna. Realizing the exhibition in this form would not have been possible without their kind loans. In addition, I would like to express my gratitude to our supporters, the Austrian Federal Chancellery and the Austrian Cultural Forum in Berlin for their generous funding of the publication and exhibition. I would also like to thank Prof. Robert Fleck, Kunstakademie Düsseldorf, for his well-founded introductory speech and the intriguing catalogue text, which along with the curator Zdenek Felix's contribution offers a rewarding insight into the artists' work and into Austrian tradition. A warm thank-you also goes to the team of KAI 10, namely Marion Eisele, Susanne Kalf-Muhtaroglu, Nora Krause, Paul and Ute Rosenthal, Julia Schleis and the installation team for their great commitment.

But the main contributors are, of course, the artists: Gelatin with the artists Wolfgang Gantner, Ali Janka, Florian Reither and Tobias Urban, Franz Graf and Markus Schinwald. Owing to them, we have this inspiring show, which included the exiting film night at KAI 10 on November 12, 2015 and the lively performance by Gelatin at the Künstlerverein Malkasten on January 19, 2016.

Franz Graf, **Gelatin**, Installationsansicht | installation view KAI 10

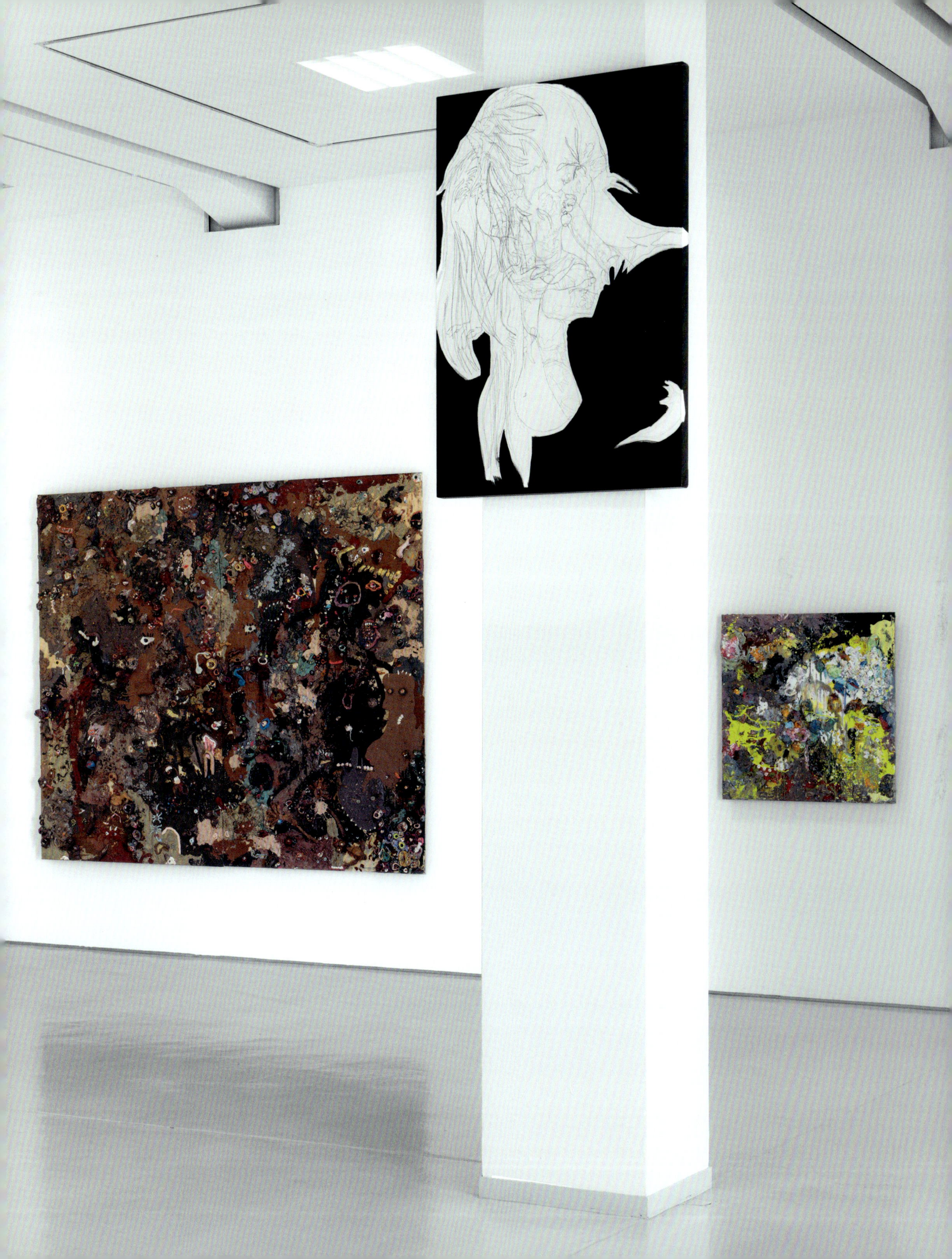

Der Geist einer Ausstellung

Robert Fleck

„Ich möchte die Besucher in etwas hineinlocken, was sie fasziniert, und hoffe, dass sie beim Verlassen der Ausstellung etwas weniger sicher sind über die Welt um uns herum." Die Aussage von Markus Schinwald kann als Motto der Ausstellung in KAI 10 dienen. *Spirit of Austria* – gibt es dergleichen? Kann man den Geist eines Landes bestimmen? Durchaus, wenn man es so locker, unprätentiös und an sehr individuellen Künstlern wie Franz Graf, Markus Schinwald und der Gruppe Gelatin unternimmt, wie diese Ausstellung. Sobald Markus Schinwald schreibt, dass er den Besucher in etwas hineinlockt und demgemäß das Kunstwerk teils als Boudoir, teils als gut gemeinte Falle versteht, bekommen wir eine Vorstellung des Kunstwerks jenseits von öffentlicher Selbstbehauptung des Schöpfers – dem weitverbreitetsten Kunstwollen – auf der einen und Kommentar zu Welt und Zeitgeist – einem weiteren weitverbreiteten Kunstwollen – auf der anderen Seite. Auch Markus Schinwalds zweiter Satz, er hoffe, dass die Betrachter beim Verlassen der Ausstellung etwas weniger sicher seien über die Welt um uns herum, könnte ebenso gut von Gelatin und Franz Graf stammen. Kunst scheint hier nur als Befragung und Verunsicherung unserer Vorstellungen und Gewissheiten denkbar und nur gerechtfertigt im Schopenhauer'schen Sinn, wenn sie als sanfter Crashtest auf unser Weltverhältnis agiert – „sanft" im Sinne der anmutigen Falle, in die sich der Betrachter gelockt findet, stets ahnend, dass sie ihn ebenso gerne wieder entlässt, wenngleich um mehrere offene Fragen bereichert.

Spirit of Austria versammelt drei bedeutende Positionen der österreichischen Gegenwartskunst, die hochindividuell angelegt sind, vergleichbare geistige Momente enthalten und mit der gleichen Tradition verbunden sind, deren großteils imaginärer Charakter in der Literatur des 20. Jahrhunderts ausführlich beschrieben wurde. Die von Zdenek Felix konzipierte Ausstellung knüpft in verkleinerter und künstlerisch individualisierter Form gewissermaßen an die 1996 von Harald Szeemann in Wien organisierte Schau *Wunderkammer Österreich*[1] an. In dieser magistralen Ausstellung wurden die geistigen Zusammenhänge der Kunst „Kakaniens", um mit Robert Musil zu sprechen, mit so unkonventionellen Leihgaben befragt wie der verpackten Nähmaschine von Man Ray. Ohne die Nähmaschine, eine österreichische Erfindung, wäre Lautréamonts berühmter Satz von der zufälligen Begegnung einer Nähmaschine und eines Regenschirms auf einem Seziertisch nicht zustande gekommen, der nach dem Ersten Weltkrieg dem Surrealismus als Selbstdefinition diente, meinte Szeemann damals in einfühlsamer Ironie.

Allerdings ist *Spirit of Austria* keine Länderschau, vielmehr zeigt sie die subjektive Sicht einiger künstlerischer Phänomene, die geistig verwandt, individuell aber differenziert sind. Die Bilder und Gebilde von Markus Schinwald wirken auf den ersten Blick unbestimmbar „alt", wie aus dem 19. Jahrhundert stammend. Auf den zweiten Blick erkennt man ihre in klarer, eindeutiger Weise angelegte Verfremdung. Markus Schinwald ist sich des Kontextes sehr bewusst, in dem er agiert, einer durch ihre hohe gesellschaftliche Anerkennung zum Massenmedium avancierten bildenden Kunst. Diese Grundeinstellung im Kunstmachen teilt er auf internationaler Ebene mit seiner Künstlergeneration, die im Verlauf der neunziger Jahre auszustellen begann. Er bediente sich bewusst verführerischer Komponenten, um den Betrachter in seine als Fragen stellende Fallen konzipierten Bilder und Installationen zu führen, deren Befremdlichkeit umso bestimmender hervortritt, je mehr man sich auf sie einlässt. Seine Werke in dieser Ausstellung zeigen Verletzungen bzw. Prothesen, die mitten in der Modernität des Werkbegriffs die Identität durch Selbstzweifel spalten. Die Zeichnungen und Grafiken von Alfred Kubin (1877–1959) bilden ebenso einen historischen Bezugspunkt wie die Skulpturen und Collagen von Franz West (1947–2012), dessen Rolle als „Drehpunktperson"[2] im Wiener Kunstgeschehen seit den späten siebziger Jahren sich in dieser Ausstellung einmal mehr bewahrheitet. Mehrsinnigkeit (im Sinne des bedeutenden österreichischen Kunsthistorikers Werner Hofmann, 1928–2013) und objektivierendes „Tiefenbohren" verbindet Markus Schinwald mit Gelatin und Franz Graf.

Auch die Kunst der Gruppe Gelatin berührt gleichzeitig zwei Pole. Auf der einen Seite finden wir eine Expressivität, die nicht aus einer Selbstäußerung kommt wie im Deutschen Expressionismus und seiner Tradition bis in die Gegenwart, sondern eine Innensicht vorführt, die Ehrlichkeit gegenüber sich selbst als Voraussetzung eines berechtigten Ausdrucksverlangens begreift. Auf der anderen Seite steht ein Herangehen an Kunst, das wesentlich von der Philosophie Ludwig Wittgensteins beeinflusst ist, vom Abbau der Gewissheiten durch hintergründige Fragen und Provokationen sowie von der postmetaphysischen Idee des Sprachspiels als der grundlegenden Schwelle zur Wirklichkeit. Dieses zweigliedrige Kunstwollen wurde in seiner gegenwärtigen Form nicht unwesentlich von Franz West begründet, der sich hier bereits in zweiter Hinsicht als der geistige „Pate" dieser Ausstellung erweist.

Die Bilder der Künstlergruppe Gelatin sind nicht mit „Palettenschmutz" gemalt, sondern aus Plastilin geformt. Ebenso radikal wie subtil werden aus Atelierabfall Appropriationsobjekte wie „Tische" in Form möglicher Gemälde von van Doesburg, Kandinsky und Mondrian zusammengefügt. Auf anderen Bildern verbinden sich der destruktive Akt des Zerwühlens, der im „Wiener Aktionismus" der sechziger Jahre vorgebildet wurde, sowie kollektiver Wahnsinn, der jeden guten Geschmack in der malerischen Aktion zu vermeiden sucht, im Begriff des Sprachspiels zu überraschenden Materialbildern. In beiden Fällen wird der materialistische Kunstbegriff aufgegriffen und kritisch reflektiert, den Otto Mühl (1925–2013) in seinen besten frühen Aktionen vortrug. Auch in diesem Fall führt die Suche nach den Einflüssen, die davon ausgehend zu Gelatin leiten, zu Franz West, der als erster diese Übersetzung aus dem Wiener Aktionismus leistete und dessen Farbpalette nicht nur bei dieser Künstlergruppe stilbildend wurde.

Die teils düsteren, teils hermetischen Graphitarbeiten und Bilder von Franz Graf entwickeln ihre Expressivität dagegen aus einer Innensicht, die die eigene Verletzlichkeit unbarmherzig verfolgt und „à fleur de peau" vor Augen führt. Der Künstler war ab 1980 in der Zusammenarbeit mit Brigitte Kowanz (geb. 1957) und parallel zu Franz West der erste wichtige Protagonist in Wien, der das in den siebziger Jahren von Konzeptkunst und Minimal Art aufgebaute Korsett nicht mehr respektierte, ohne die Sozialisierung in der Concept Art zu negieren. Der darin besonders weit geführte Einsatz der Sprache sowie von Zahlen im Bild ist in seinem Fall mystischen Charakters. Zumeist im Waldviertel arbeitend, unweit der früheren Wohnstätte von Alfred Kubin und im Grenzgebiet zu Tschechien, formuliert er in ästhetisch sehr unabhängiger Weise eine individuelle Mythologie[3], in der das Zeichnen und das Setzen von Zeichen eine offene, fragende Gewissheit über die Welt hervorbringen, die sich im Sichtbaren verbirgt.

[1] Ausst.-Kat. *Wunderkammer Österreich,* MAK – Museum für angewandte Kunst, Wien; Kunsthaus Zürich, Wien 1996.

[2] Der Begriff „Drehpunktperson" wurde in den siebziger Jahren in Wien vom deutschen Soziologen Rolf Schwendter theoretisiert.

[3] Vgl. *Individuelle Mythologien* in: Harald Szeemann (Hrsg.), *documenta 5,* Kassel 1972.

The Spirit of an Exhibition

Robert Fleck

"I'd like to lure visitors into something that fascinates them, and hope that when they leave the show they'll feel somewhat less certain about the world around us." Markus Schinwald's statement could be the motto for the exhibition at KAI 10. *Spirit of Austria*—does anything like that actually exist? Can you define the spirit of a country? Of course—if you do it as this show does, easily, unpretentiously, and with highly individualized artists such as Franz Graf, Markus Schinwald, and the Gelatin group. Schinwald writes that he wants to lure visitors into something and thus conceives of the work of art partly as a boudoir and partly as a well-intended trap. When he does this, we get a notion of the artwork that goes beyond both the creator's public assertion of himself—the most widespread desire of art—and the commentary about the world and the zeitgeist (yet another widespread desire of art). Schinwald's second sentence, in which he hopes that visitors will feel somewhat less certain of the world around us when they leave the exhibition, could just as easily have been formulated by Gelatin or Franz Graf. Here, art can only be imagined as a process of questioning and destabilizing our ideas and certainties, and is only justified in Schopenhauer's sense when it acts as a gentle crash test involving our relationship to the world—"gentle," in the sense of a charming trap into which the visitor is lured, always knowing ahead of time that it will be just as glad to let him go, albeit enriched with more open-ended questions.

Spirit of Austria is a collection of three important positions in contemporary Austrian art, all of which are highly individual, contain comparable intellectual moments, and are linked to the same tradition whose mostly imaginary character is extensively described in twentieth-century literature. The show, as conceived by Zdenek Felix, relates in a smaller, more artistically individualized way, to the show Harald Szeemann organized in Vienna in 1996, *Wunderkammer Österreich*[1]. In this masterful exhibition the intellectual contexts of the art of "Kakania," to use Robert Musil's term, were questioned through unconventional loans such as Man Ray's wrapped sewing machine. Without the sewing machine—an Austrian invention—Lautréamont's famous saying about the random encounter between a sewing machine and an umbrella on a dissecting table would not have come into being; after World War I this sentence defined Surrealism, as Szeemann said at the time, with empathetic irony.

Spirit of Austria, however, is not a national exhibition. Rather, it features the subjective views of some artistic phenomena, which are not only spiritually and intellectually related, but also individual and distinct. At first glance Markus Schinwald's paintings and constructs seem to be indeterminably "old," as if they were made in the nineteenth century. At second glance you recognize their alienation in clear, unambiguous ways. Schinwald is highly aware of the context in which he acts—the visual arts, which has become a mass medium, thanks to their high visibility in society. He shares this basic attitude toward making art on an international level with his generation of artists, who began exhibiting in the 1990s. Schinwald deliberately uses alluring components that draw visitors into his paintings and installations, which are traps that pose questions. The more open you are to them, the more obvious their alienation becomes. His works in this exhibition feature injuries or prostheses, which, amid the modern concept of the work, open up self-doubt about identity. The drawings and prints by Alfred Kubin (1877–1959) form a historical reference point, as do the sculptures and collages by Franz West (1947–2012), whose role as a "pivotal person"[2] in the history of Viennese art in the late 1970s once again proves well founded in this show. Ambiguity (as defined by the famous Austrian art historian Werner Hofmann, 1928–2013) and objectifying "deep drilling" link Schinwald to Gelatin and Franz Graf.

The Gelatin group's art also touches two poles simultaneously. On one side we discover a kind of expressiveness that doesn't stem from the expression of the self, as practiced in German Expressionism and its tradition to this day. Rather, it presents an internalized view that considers honesty toward oneself as the perquisite for a justified urge to express oneself. On the other side is an approach to art that is essentially influenced by the philosophy of Ludwig Wittgenstein, by the disintegration of certainties instigated by cryptic questions and provocations, and by the post-metaphysical idea of the linguistic game as a fundamental threshold of reality. The present-day form of this dichotomous will to art was essentially established by Franz West, who, in a second respect, turns out to be the spiritual and intellectual "godfather" to this exhibition.

The paintings by the Gelatin group of artists are not painted with *Palettenschmutz* (literally, "palette muck"), but formed out of plasticine. In a way that is as radical as it is subtle, appropriated objects, such as "tables," are assembled to create possible paintings by van Doesburg, Kandinsky, and Mondrian. In other paintings the destructive act of creating a mess, which was practiced by the Viennese Actionists in the 1960s, is combined with collective madness (which seeks to avoid any sort of "good taste" in the act of painting) in the concept of the linguistic game to produce surprising material paintings. In both cases the artists pick up on the materialist concept of art as Otto Mühl (1925–2013) presented it in his best early actions, while critically reflecting upon it. In this case, too, the search for influences that resulted in Gelatin leads to Franz West, who was the first to translate this out of Viennese Actionism, and whose color palette helped to form the style of this group, as well as the style of others.

In opposition to their expressiveness, Franz Graf's sometimes gloomy, sometimes hermetic paintings and works in pencil develop out of an internalized view that relentlessly pursues his own vulnerability, showing it "à fleur de peau," or very sensitively. From 1980 onward the artist — in collaboration with Brigitte Kowanz (b. 1957), and at the same time as Franz West — became the first important protagonist in Vienna who no longer respected the corset built in the 1970s by Conceptual and Minimal Art, yet did not negate the socialization in Conceptual Art. In his case, there is something mystical about his use of language and numbers in painting, which was taken to particular extremes. Usually working in the Waldviertel (the Forest Quarter), the zone bordering the Czech Republic not far from Alfred Kubin's old home, he formulated an individual mythology[3] in an aesthetically independent manner, in which drawing and the placement of signs emphasize an open, questioning certainty about the world concealed inside the visible.

1 Exh. cat. *Wunderkammer Österreich,* MAK – Museum für angewandte Kunst, Vienna; Kunsthaus Zurich, Vienna, 1996.

2 The term "Drehpunktperson" (pivotal person) was part of the sociologist Rolf Schwendter's theory, developed in the 1970s in Vienna.

3 See *Individuelle Mythologien* in: Harald Szeemann (ed.), documenta 5, Kassel 1972.

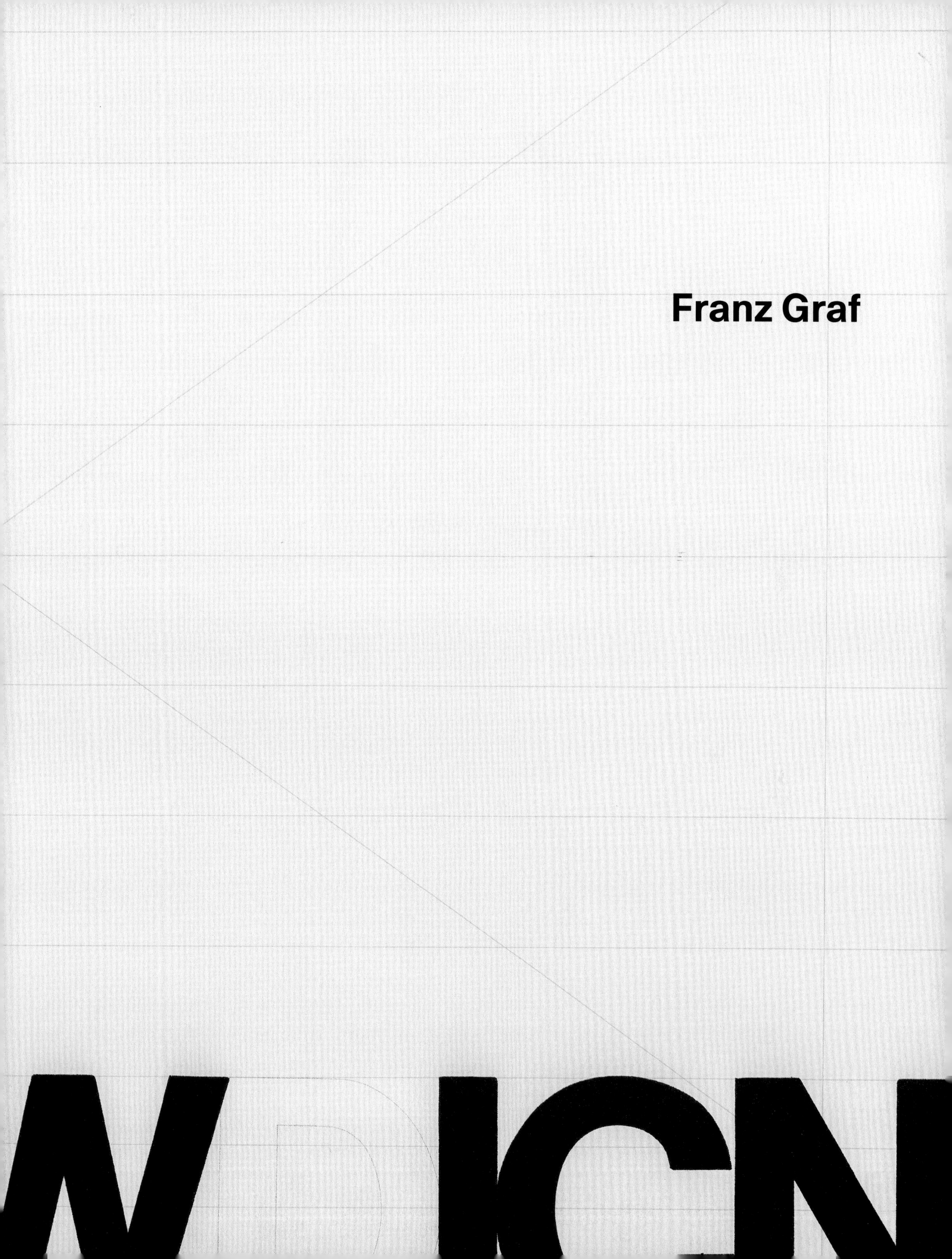
Franz Graf

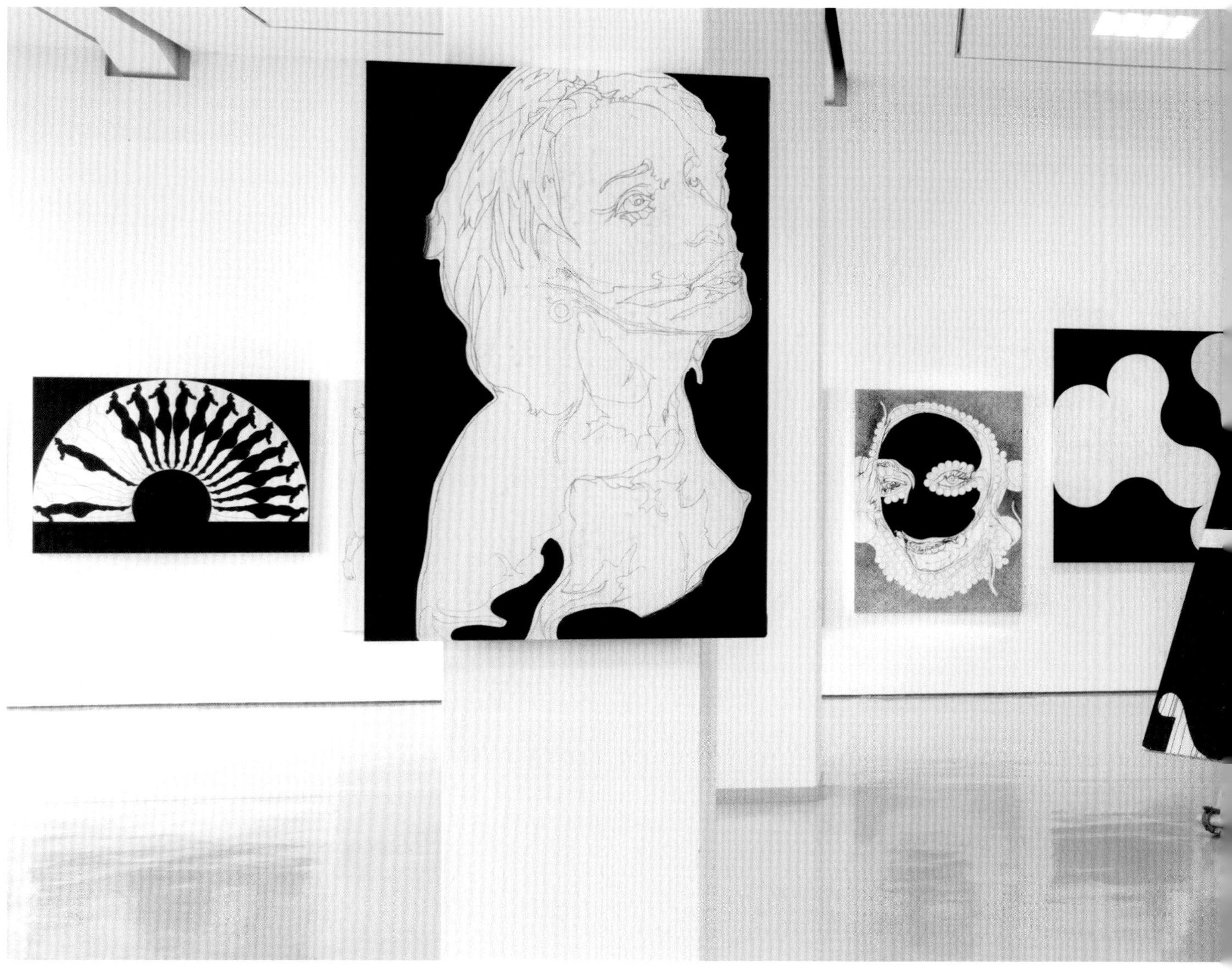

Die Ornamente der Erinnerung

Zdenek Felix

Spätestens seit Mitte der achtziger Jahre lassen sich die Spuren der künstlerischen Arbeit von Franz Graf anhand zahlreicher Ausstellungen weltweit verfolgen. Dennoch ist sein Werk einer breiten Öffentlichkeit bisher wenig bekannt. Dies hat sicherlich damit zu tun, dass der in Wien und im Waldviertel lebende Künstler eher zurückhaltend auftritt und jede populistische Attitüde scheut. Auffallend ist die Vielfalt der Medien, derer er sich bedient. Fotografie, Zeichnung, Skulptur, Installation, Schrift und Text samt fließender Mischformen bilden das Repertoire von Franz Graf. Zunächst dem Vokabular der geometrischen Abstraktion verbunden, kehrte er zur Figuration zurück und verband die beiden Stilformen konzeptuell zu einem eigenartigen Ganzen. Dabei ist sein Werk keinesfalls artifiziell oder formal ausgerichtet. Im Vordergrund des Interesses steht die menschliche Existenz und deren Stellung innerhalb dessen, was Franz Graf den „Fall" nennt, also die Gesamtheit der Welt. Dies ist weniger pathetisch und heideggerianisch gemeint, als mancher denken mag. Franz Graf handelt nicht als Philosoph, sondern als Künstler, der eine nachhaltige Botschaft vortragen will. In seiner Arbeit geht es ihm um das bildhafte Erfassen von Phänomenen, die mit dem Leben des Menschen, seinen inneren Antrieben und Wünschen, aber auch mit den Hindernissen und Widrigkeiten des Daseins zu tun haben. Es geht auch darum, die immer wieder zitierten, dennoch ungelösten Fragen der Existenz zwischen Leben und Tod zu untersuchen. Und schließlich geht es ihm um die Erinnerung als schöpferische Kraft, mit deren Hilfe es möglich ist, aus individuell Erlebtem und im Gedächtnis Verschüttetem adäquate Bilder und Motive für die eigene Arbeit zu gewinnen.

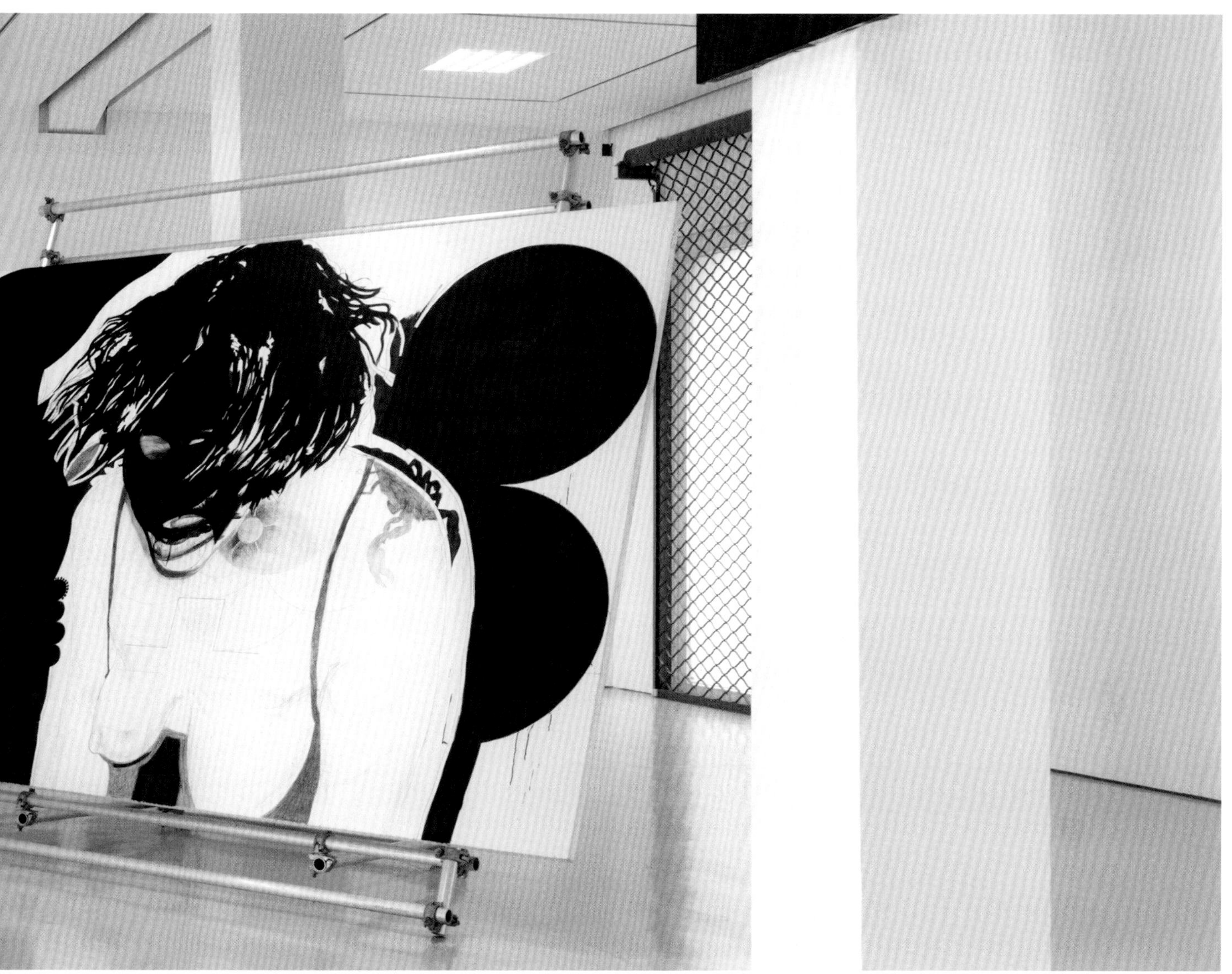

Von der Vielschichtigkeit der künstlerischen Arbeit Franz Grafs zeugen besonders zwei Inszenierungen, die er anlässlich der bedeutenden Ausstellungen in Graz (2013)[1] und in Wien (2014)[2] realisierte. Erstere vermittelte unter dem Titel *Im Gegenlicht – Günter Brus und Franz Graf* den Dialog zwischen zwei konträren, wenn auch unterschwellig verwandten Positionen der österreichischen Gegenwartskunst. In dieser Gegenüberstellung kam zum Ausdruck, was man als „Wiener Grundstimmung" bezeichnen kann, in der sich der Hang zur Vertiefung in das Unterbewusste einerseits und die Betonung des Trieb- und Körperhaften andererseits manifestiert. Dass dabei Sigmund Freud und Egon Schiele als Zeugen aufgerufen werden, liegt auf der Hand. Aber nicht nur dieser bekannte Narrativ kommt zur Sprache. „Die Schnittmuster der Körperkunst zwischen Ästhetizismus, Ornamentalisierung und Pornografie scheinen dabei der Anknüpfungspunkt für Graf gewesen zu sein. Brus hingegen dürfte die Selbstinszenierung eines Schiele oder die Manier, wie mit einem Skalpell zu zeichnen, wie die frühen Kokoschka-Zeichnungen charakterisiert wurden, übernommen haben."[3] Nicht zufällig macht sich hier die Nähe zur Anatomie und Obduktion von Leibern bemerkbar. Aber auch die Affinität zur Vorstellung des Menschen als Sex-Maschine stellt einen gemeinsamen Zug dieser Positionen dar. Während aber Brus bevorzugt Aktionen mit lebenden Körpern realisiert und diese fotografisch festhält, sucht Graf in skulpturalen Verknüpfungen von Apparat und Bild die Maschinen zu symbolhaften Trägern verstörender Botschaften umzufunktionieren. Einige seiner *Body Machines* ähneln eher Marterinstrumenten als harmlosen Geräten, sie enthüllen die dunklen, verborgenen Kräfte der Psyche und funktionieren, als ob sie selbst und nicht die Menschen die Erzeuger dieser Kräfte wären.

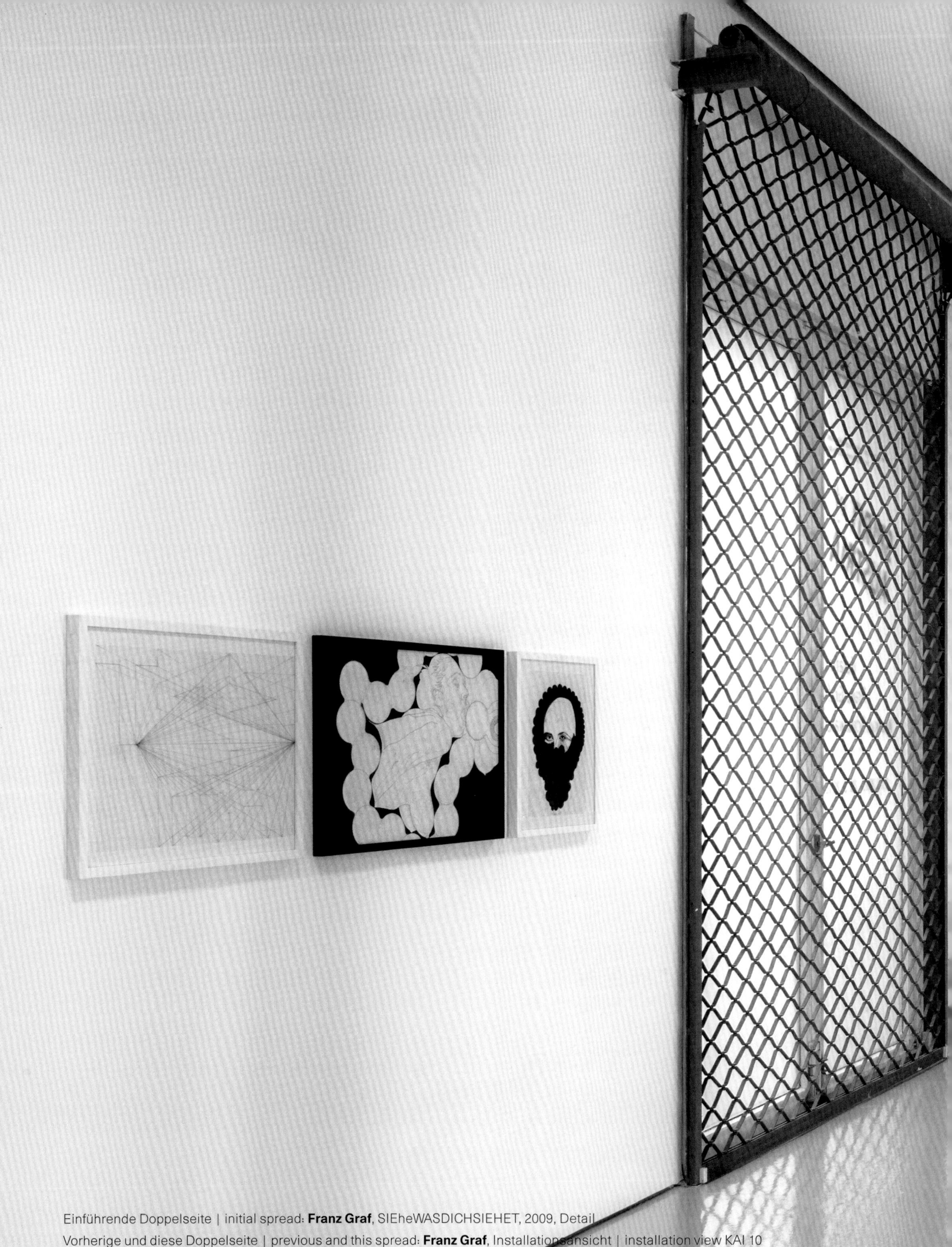

Einführende Doppelseite | initial spread: **Franz Graf**, SIEheWASDICHSIEHET, 2009, Detail
Vorherige und diese Doppelseite | previous and this spread: **Franz Graf**, Installationsansicht | installation view KAI 10

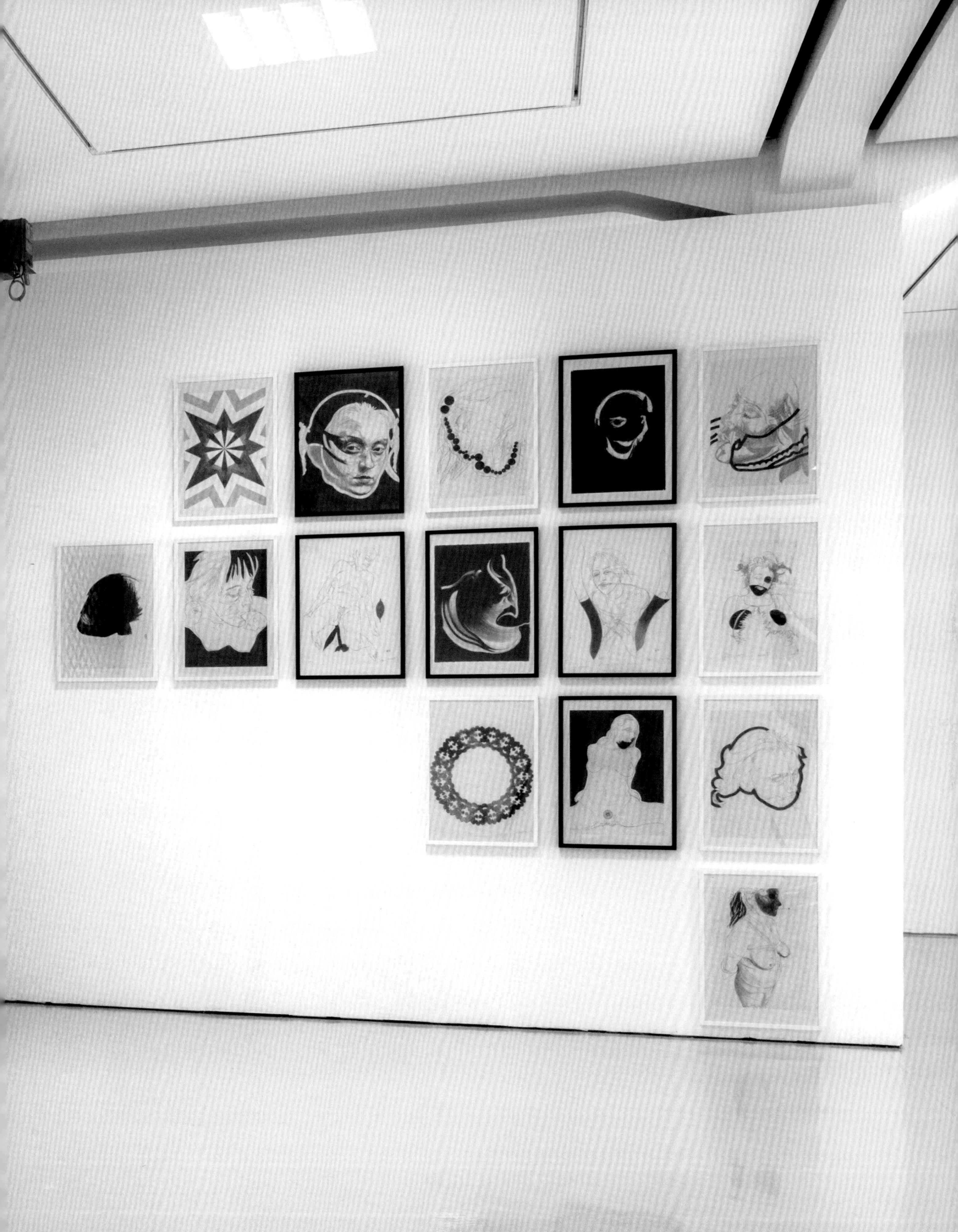

Während in Graz zwei markante Positionen dialogisch einander gegenübergestellt wurden, unternahm die 2014 in Wien gezeigte Ausstellung *Franz Graf – Siehe was dich sieht* den Versuch, das Werk eines Autors als Prisma seiner Sicht der Kunst zu inszenieren. Das erst kürzlich eröffnete Museum 21er Haus wurde dem Künstler komplett zur Verfügung gestellt. Franz Graf hat sich für eine wechselnde Präsentation eigener und fremder Werke entschieden. Aus den Beständen des 21er Hauses wie auch aus der Sammlung des Belvedere und verschiedener Privatsammlungen konzipierte er eine spezifische Installation, sozusagen ein Museum im Museum. Man könnte auch von einem Speicher des Gedächtnisses oder einem Archiv der Erinnerungen sprechen, mit der Präzisierung allerdings, dass es sich nicht um eine kunsthistorisch korrekte, sondern um eine subjektive Sicht auf eine Epoche handelt. Dadurch gewann die Schau an Radikalität. Bezeichnenderweise wählte der Künstler bewusst anti-museale, unkonventionelle Formen der Präsentation. Die üblichen weißen Wände wurden durch Bauelemente ersetzt, die „normalerweise im Gerüst- und Bühnenbau verwendet werden. Das Display [bestand] aus Trägermaterial, das durchaus buchstäblich eingesetzt [wurde], um Strukturen sichtbar zu machen, die ansonsten im Hintergrund bleiben."[4] Der so entstandene, flexibel geteilte Großraum wurde nicht nur zum Schauplatz einer Ausstellung, sondern auch eines wechselhaften Geschehens, in dessen Verlauf Kunstwerke ausgetauscht, die Installation verändert und den Besuchern zahlreiche Aktivitäten wie Konzerte oder Performances geboten wurden. Von Marc Adrian über Joseph Beuys bis Thomas Zipp und Heimo Zobernig reichte die Liste von mehr als einhundert Positionen. In diesem „work in progress" übernahmen die Bilder und Zeichnungen von Franz Graf eine besondere Rolle. In den einzelnen Räumen verteilt, traten sie in Dialog mit den übrigen Werken lokaler und europäischer Provenienz aus der Zeit von 1886 bis 2014, ein Panorama berühmter, aber auch völlig vergessener Namen. Gestelle aus Aluminiumrohren, Regler, Leitungen und Verstärker von Musikanlagen, Tische und Vitrinen – ein scheinbares Chaos von Elementen – vermittelten insgesamt das Bild eines anthropomorphen Kunstbegriffes, für den die lineare Erzählung der Moderne wenig, die psychische Bedeutung des künstlerischen Artefaktes dagegen viel bedeutet.

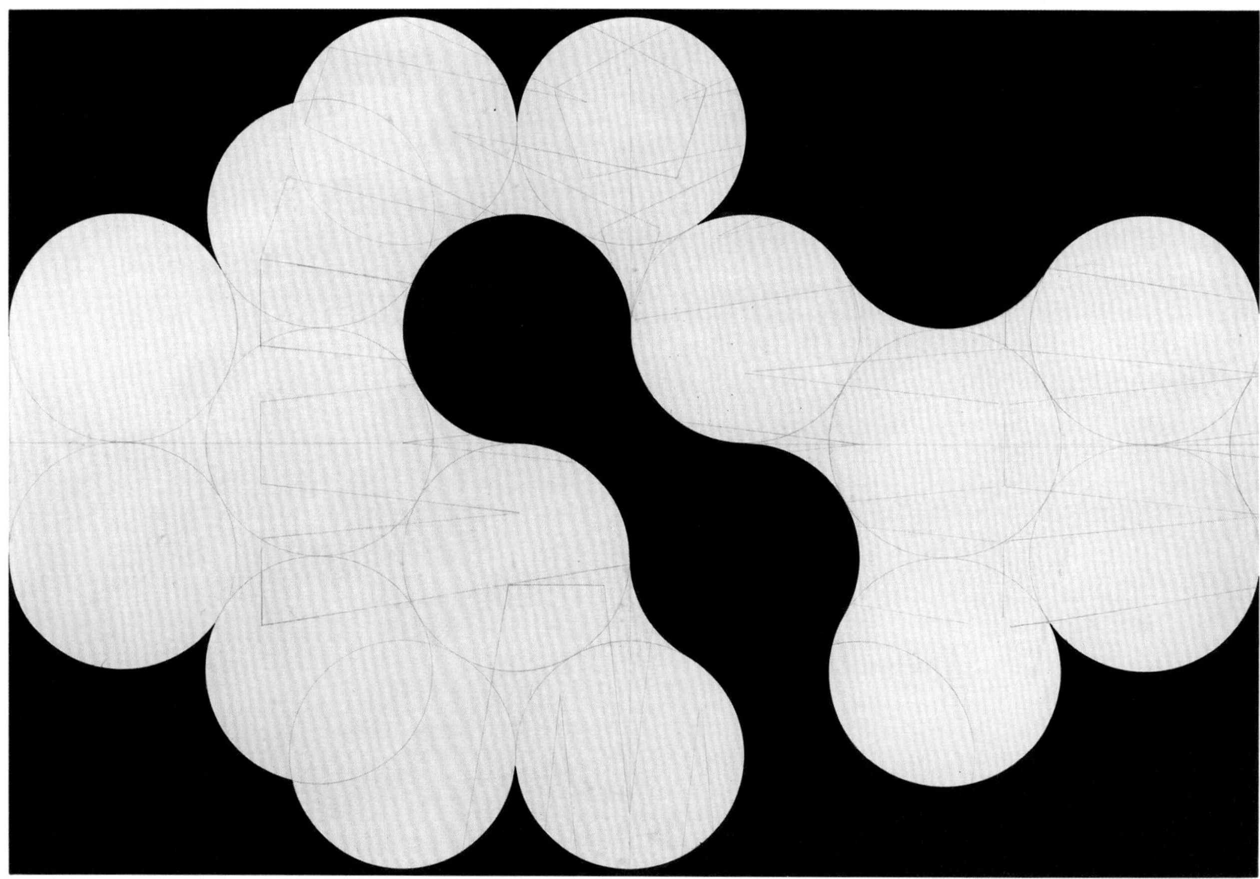

Franz Graf, WWROng floorr, 2013–2014

Folgende Seite | following page: **Franz Graf**, Ring, 2005

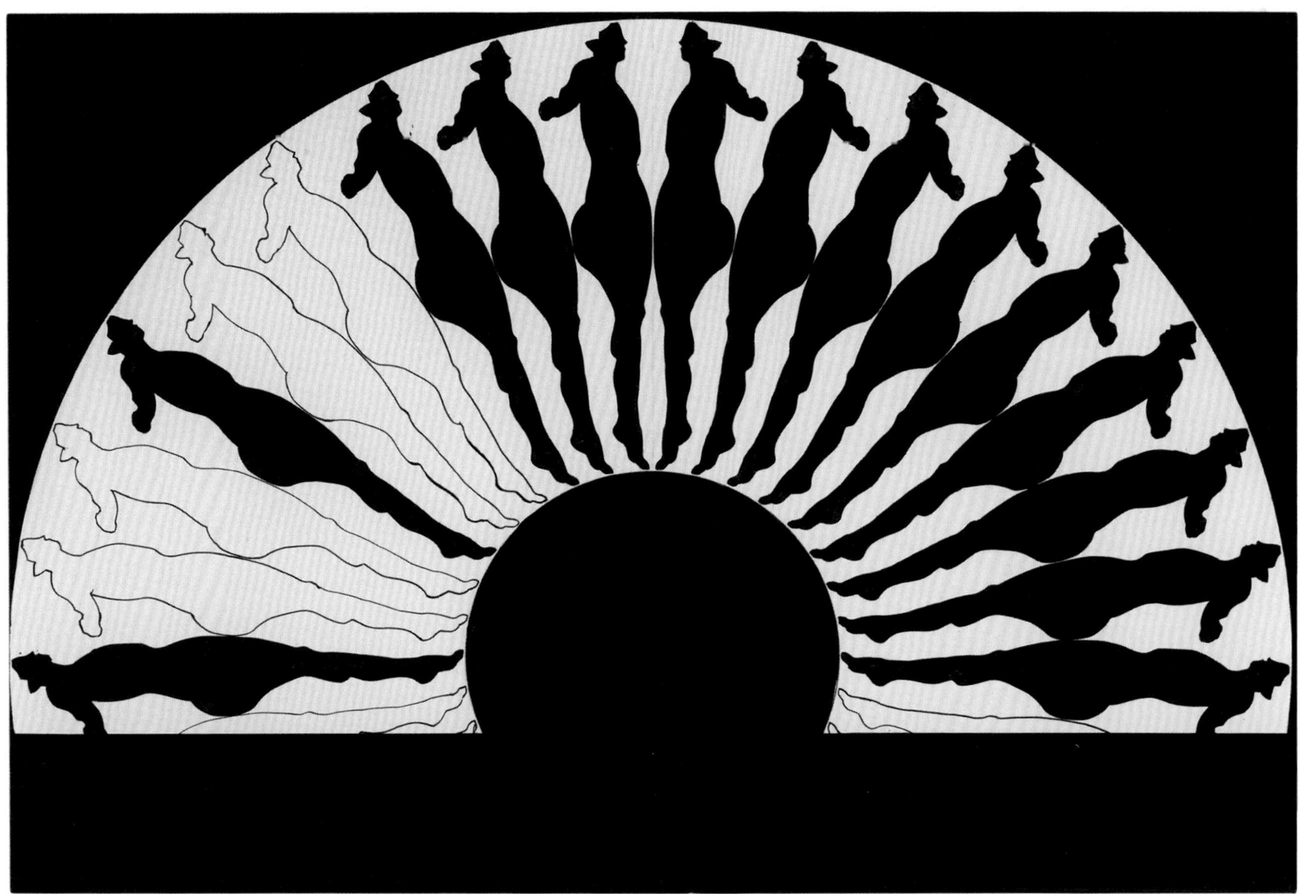

Auf dieser Basis entwarf Franz Graf für KAI 10 eine Inszenierung von Bildern, Zeichnungen und skulpturalen Elementen, in denen er sich auf die eigenen in Schwarz und Weiß gehaltenen Arbeiten konzentriert. Drei in denselben Raum gehängte reliefartige Bilder von Gelatin funktionieren dabei als inhaltliche Klammer für die anderen Teile der Schau. Als Raumteiler und Staffeleien dienen zwei voluminöse Gestelle aus Aluminiumrohren. Die ganze Werkgruppe umfasst mehrere großformatige Bilder mit figürlicher Thematik, weiter jene mit integrierter Schrift und schließlich zahlreiche Tusche- und Bleistiftzeichnungen aus den letzten Jahren. Neben den Textbildern stützt sich die Installation vornehmlich auf anonyme Porträts von Frauen – ein Sujet, das im Werk von Franz Graf kontinuierlich eine zentrale Rolle spielt. Als Projektion von Wünschen, obsessiven Vorstellungen und im gleichen Maße als Gegenstand dunkler Traumata steht bei ihm das weibliche Motiv im Vordergrund. Dem scheinbar ästhetisierend-erotischen Charakter dieser Werke widersetzt sich das tiefgehende Interesse an psychologischen Vorgängen, die aus den verborgenen Beziehungen des Künstlers zu seinen realen oder fiktiven Modellen herrühren. Bildtitel wie *MAHRgRETA* oder *PURGA*[5] spiegeln biografische oder religiös-mythologische Bezüge, während die stark vergrößerten, suggestiven Gesichter aus dunklen Bereichen des Unbewussten zu stammen scheinen. Auch in Grafs subtilen Zeichnungen findet sich eine Vielfalt von Darstellungen, in welchen sich die linearen Formen mit den kontrastierenden schwarzen und weißen Flächen zu einem verschlüsselten Ornament der Erinnerung fügen.

[1] Ausstellung *Im Gegenlicht – Günter Brus und Franz Graf,* Neue Galerie, Universalmuseum Joanneum, Graz 2013–14.

[2] Ausstellung *Franz Graf – Siehe was dich sieht,* 21er Haus, Wien 2014.

[3] Roman Grabner, *Porträt einer Ausstellung,* in: Ausst.-Kat. Neue Galerie, Graz 2013–14, S. 9.

[4] Severin Dünser, *Franz Graf – Sehen und sehen lassen,* in: Ausst.-Kat. 21er Haus, Wien 2014, S. 10.

[5] „Purga" bezieht sich auf den Begriff „Purgatorium" (Fegefeuer).

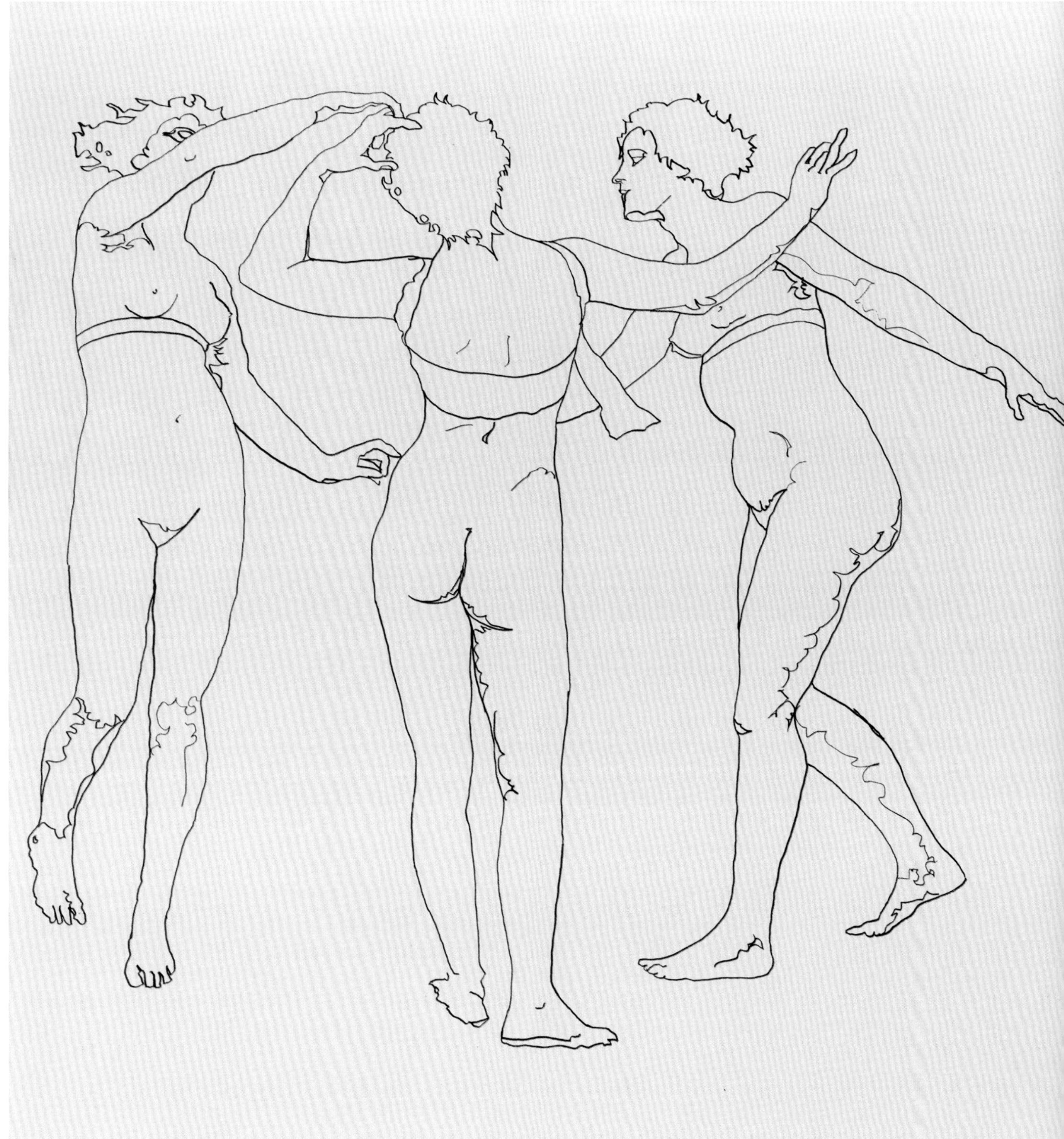

Franz Graf, Memorias Postumas, 2013

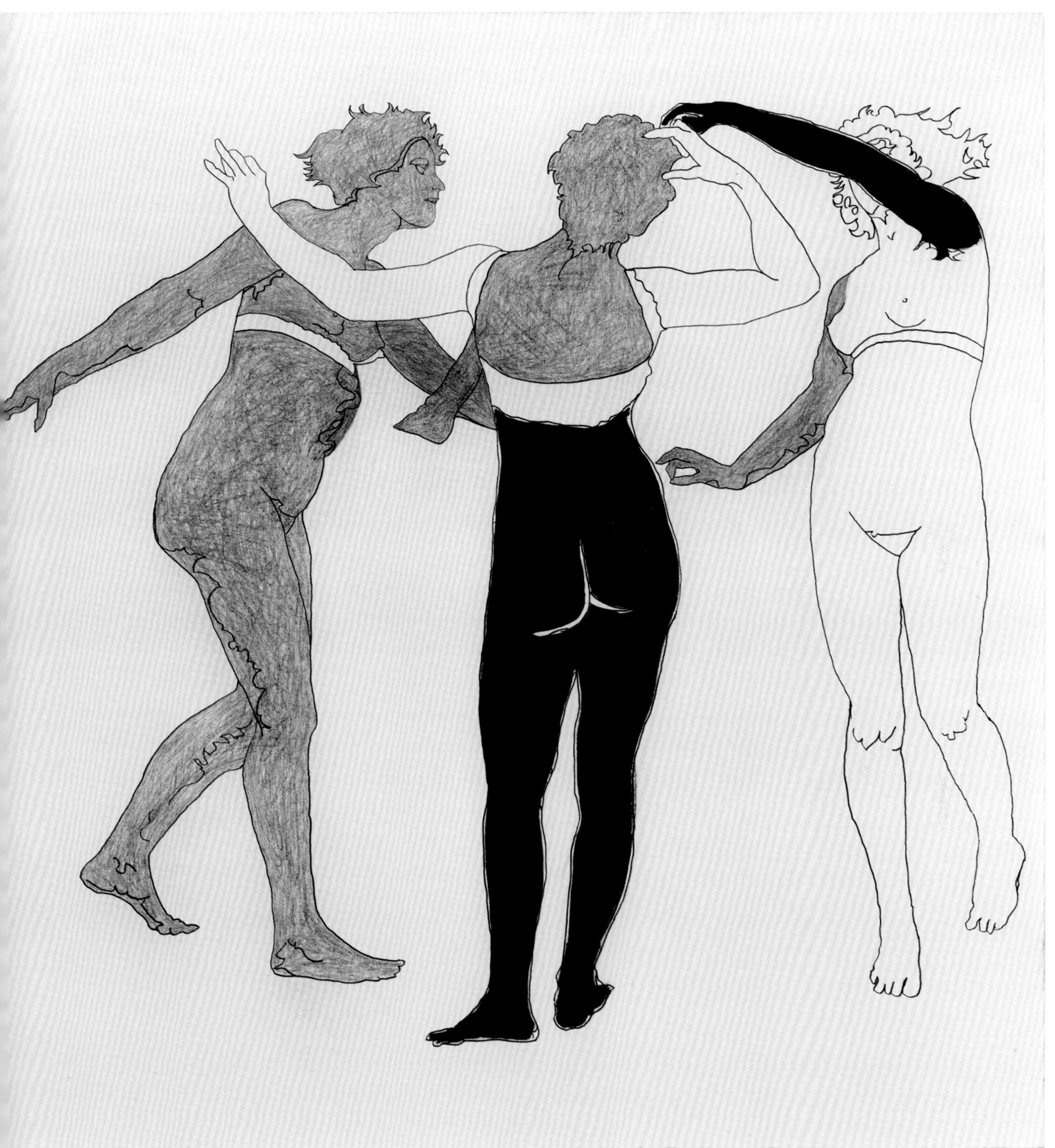

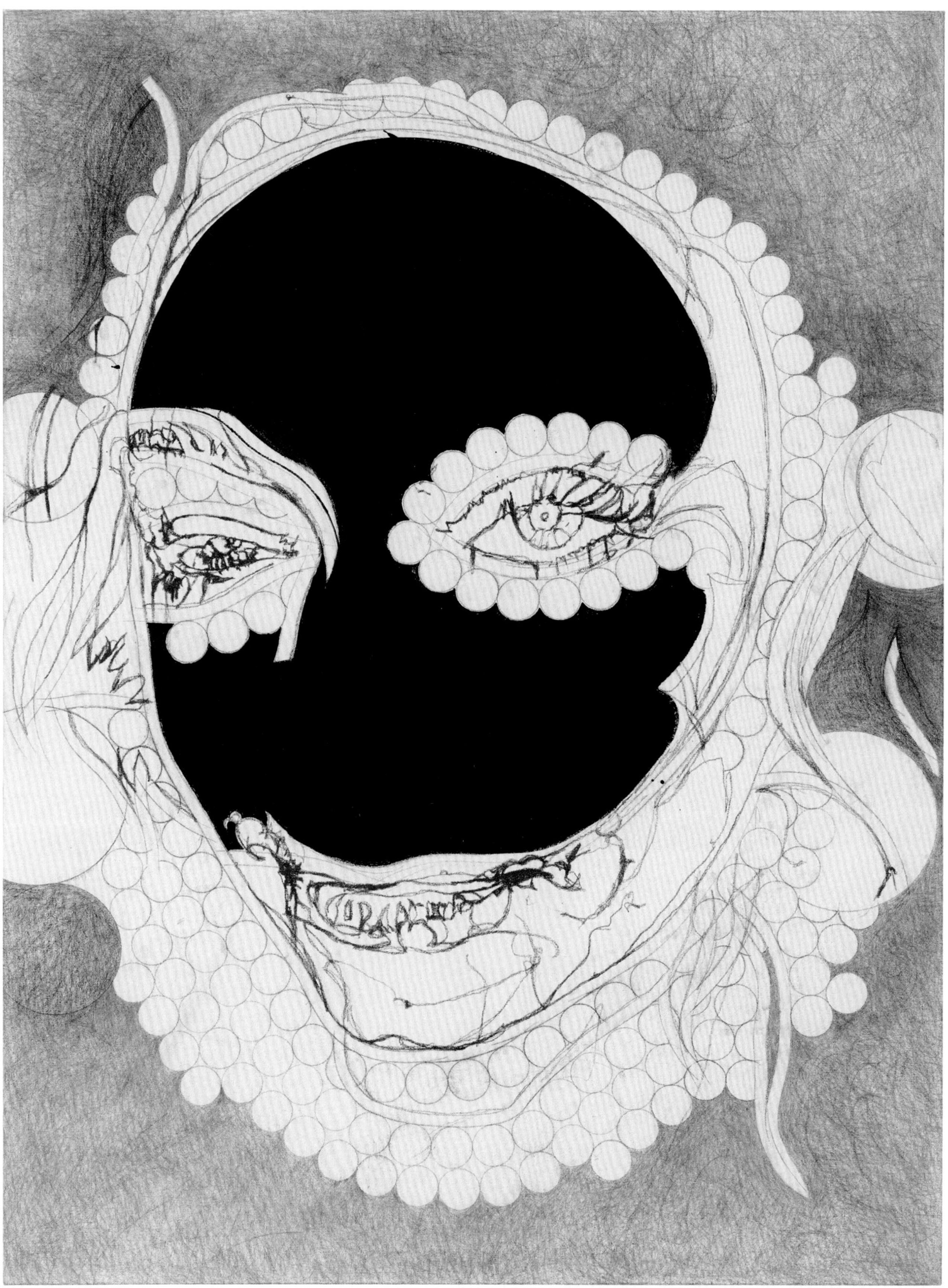

Franz Graf, MAHRgRETA 2, 2013–2014

Ornaments of Memory

Zdenek Felix

At the latest since the mid-eighties, traces of Franz Graf's artistic practice can be followed by numerous exhibitions worldwide. His work, however, still remains little known to a wider public. This surely has to do with the fact that the artist, who lives in Vienna and in the Waldviertel (the Forest Quarter), has a rather modest public appearance and avoids any kind of populist attitude. What is remarkable is the multitude of media he employs. Photography, drawing, sculpture, installation, writing and language along with fluent crossovers constitute the repertoire of Franz Graf. Initially dedicated to the topic of geometrical abstraction, he reverted to figurative work and conceptually combined both stylistic forms into an idiosyncratic entity. Even so, his work is by no means oriented on artificial or formal aspects. Its main focus lies on the human existence and its stance within what Franz Graf calls the "Fall" (Case), meaning the world in its entirety. This is meant to be less melodramatic and Heideggerian than one may think. Franz Graf does not act as a philosopher but as an artist who wants to convey a lasting message. With his work, he attempts to visually capture those phenomena connected to people's lives, their inner motivations and desires, but also the obstacles and adversities of existence. It also deals with examining the repeatedly quoted, yet unresolved matters of existence between life and death. Finally, he is interested in memory and its function as a creative force, allowing to draw—from the individual experience and buried memories—appropriate images and motifs for his own work.

In particular two presentations, realized for major exhibitions in Graz (2013)[1] and Vienna (2014),[2] attest to the complexity of Franz Graf's artistic practice. Under the title *Im Gegenlicht – Günter Brus und Franz Graf* (Against the Light – Günter Brus and Franz Graf), the first show featured a dialog between two contrary yet subtly related positions of contemporary Austrian art. This comparison succeeded in expressing what one could consider as the "Viennese undertone," which reveals a tendency toward delving into the subconscious realm, on the one hand, and an emphasis of the libidinal and bodily on the other. Evidently, Sigmund Freud and Egon Schiele are called upon as witnesses. But not only this familiar narrative is dealt with. "The patterns of body art between aestheticism, ornamentation and pornography seem to have served as the point of departure for Graf. Whereas Brus presumably had adopted the self-presentation of a Schiele or the manner of drawing like with a scalpel, as the early Kokoschka drawings were characterized."[3] Not by coincidence, a proximity to anatomy and autopsy of bodies can be noted, but also an affinity to the idea of humans as sex machines constitutes a common feature of these positions. While Brus prefers to realize actions with living bodies and capture these in photographs, Graf seeks to convert machines into symbolic carriers of disturbing messages with sculptural composites of apparatus and image. Several of these *Body Machines* rather resemble torture instruments than harmless gadgets; they unveil the dark, obscure forces of the psyche and function as though they themselves, and not humans, were the creator of these forces.

While in Graz two distinct statements were contrasted in dialogue, the exhibition *Franz Graf – See What Sees You*, held in Vienna in 2014, attempted to stage an author's work as a prism of his view on art. The recently opened museum 21er Haus was placed fully at the artist's disposal. Franz Graf had opted for a presentation alternating between his own works and those of other artists. Based on the inventory of the 21er Haus as well as the Belvedere collection and other private collections, he conceived a unique installation, a museum in a museum, as it were. One could also speak of a storage space of remembrance or an archive of memory, while specifying, however, that it did not represent an art-historically correct, but rather a subjective view of a certain era. This enhanced the radical nature of the show. It is notable that the artist had deliberately chosen unconventional, non-museum forms of presentation. The usual white walls were replaced with building elements "normally used in scaffolding and stage construction. The display [consisted] of support material that indeed was literally employed, in order to reveal structures that normally remain in the background."[4] The resulting flexibly partitioned large-scale space thus became not only the setting of an exhibition, but also that of a variable process, in the course of which artworks were being exchanged, the installation modified and visitors offered many activities such as concerts or performances. From Marc Adrian to Joseph Beuys to Thomas Zipp and Heimo Zobernig, the list included over a hundred artistic positions. In this "work in progress" the paintings and drawings by Franz Graf played a distinct role. Distributed over the different rooms, they entered into dialogue with the other works of local and European provenance from the period between 1886 and 2014, a panorama of famous but also of completely forgotten names.

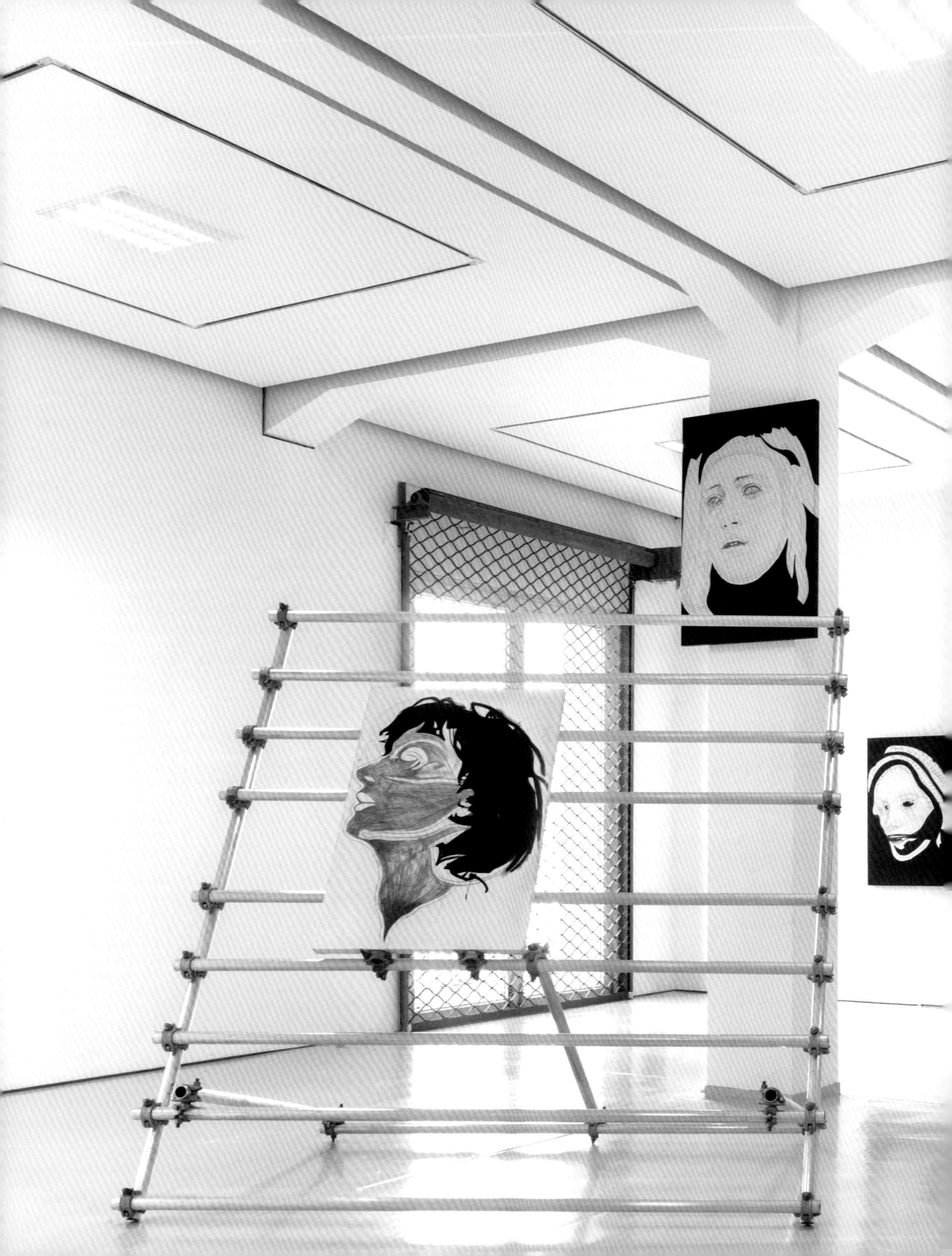

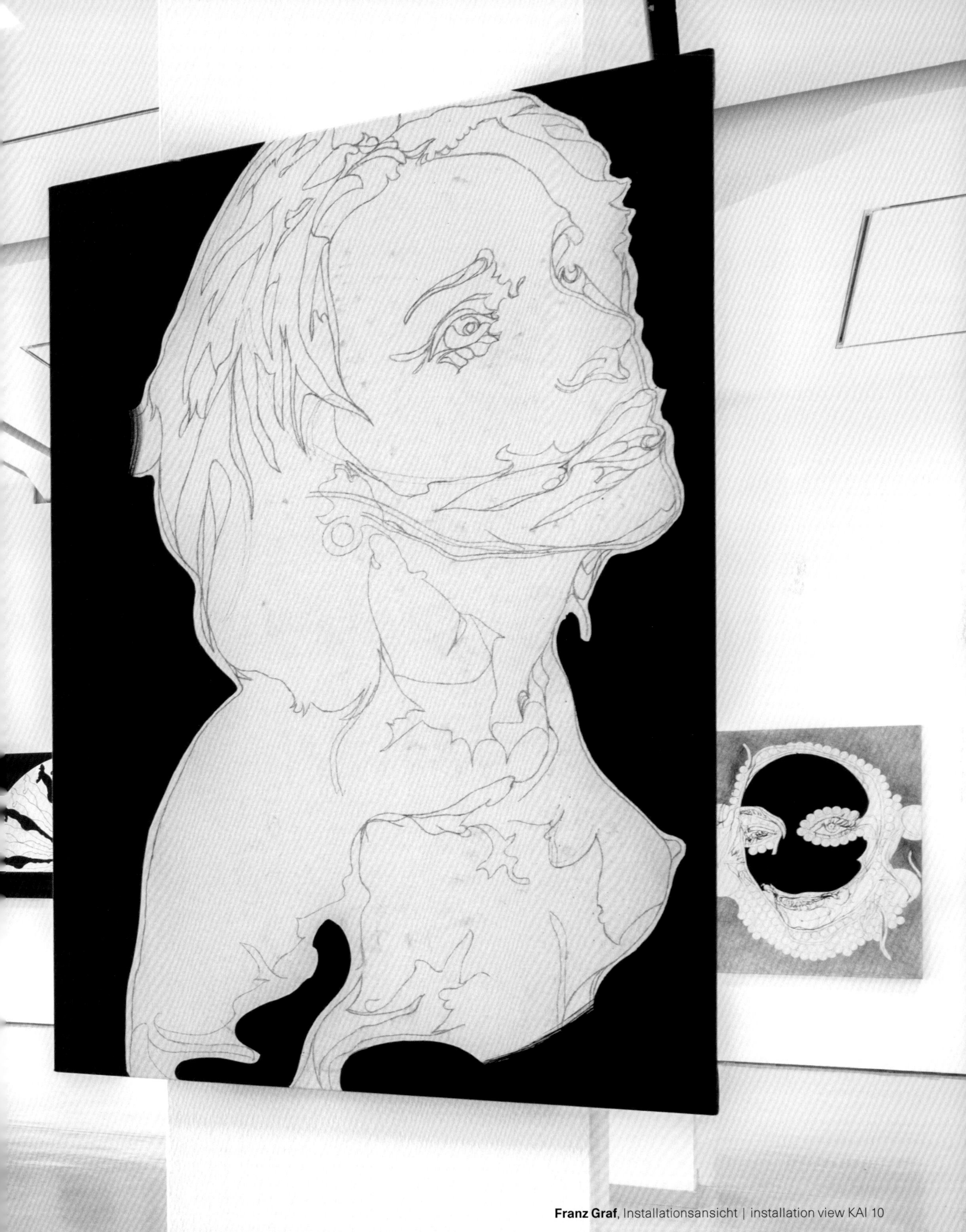

Franz Graf, Installationsansicht | installation view KAI 10

Racks made of aluminum pipes, control panels, cables and amplifiers of sound systems, tables and showcases —an apparent chaos of components—conveyed an overall impression of an anthropomorphous concept of art, for which the linear narrative of modernism matters little, whereas the psychological relevance of an artistic artifact means a great deal.

Before this backdrop, Franz Graf designed a presentation for KAI 10 consisting of paintings, drawings and sculptural elements, in which he focused primarily on his own black-and-white works. Three relief-like pictures by Gelatin, hung in the same room, functioned as a contextual framework with regard to the other parts of the show. Two expansive racks of aluminum pipes served as spatial partitions and scaffolding. The entire work group comprised several large-scale images with a figurative topic, furthermore those with integrated writing and finally numerous ink and pencil drawings from the past years. Beside the script pictures, the installation was based mainly on anonymous portraits of women—a subject which has continuously played a central role in the work of Franz Graf. As a kind of projection of desires, obsessive fantasies and, to the same extent, as an element of dark traumas, the female motif takes the fore. The apparently aesthetisizing-erotic character of these works is confronted by a profound interest in psychological processes originating from the artist's latent relationship to his real or fictive models. Titles like *MAHRgRETA* or *PURGA*[5] reflect biographical or religious-mythological references, while the greatly enlarged suggestive faces appear to come from tenebrous realms of the unconscious. In Graf's subtle drawings there equally is a complexity of depictions in which the linear forms merge with the contrasting black and white surfaces to form a coded ornament of memory.

1 Exhibition *Im Gegenlicht – Günter Brus und Franz Graf,* Neue Galerie, Universalmuseum Joanneum, Graz 2013–14.

2 Exhibition *Franz Graf – See What Sees You,* 21er Haus, Vienna 2014.

3 Roman Grabner, *Portrait einer Ausstellung,* Exh. cat. Neue Galerie, Graz 2013–2014, p. 9.

4 Severin Dünser, *Franz Graf – Sehen und sehen lassen* in: Exh. cat. 21er Haus, Vienna 2014, p. 10.

5 "Purga" refers to the term "purgatory".

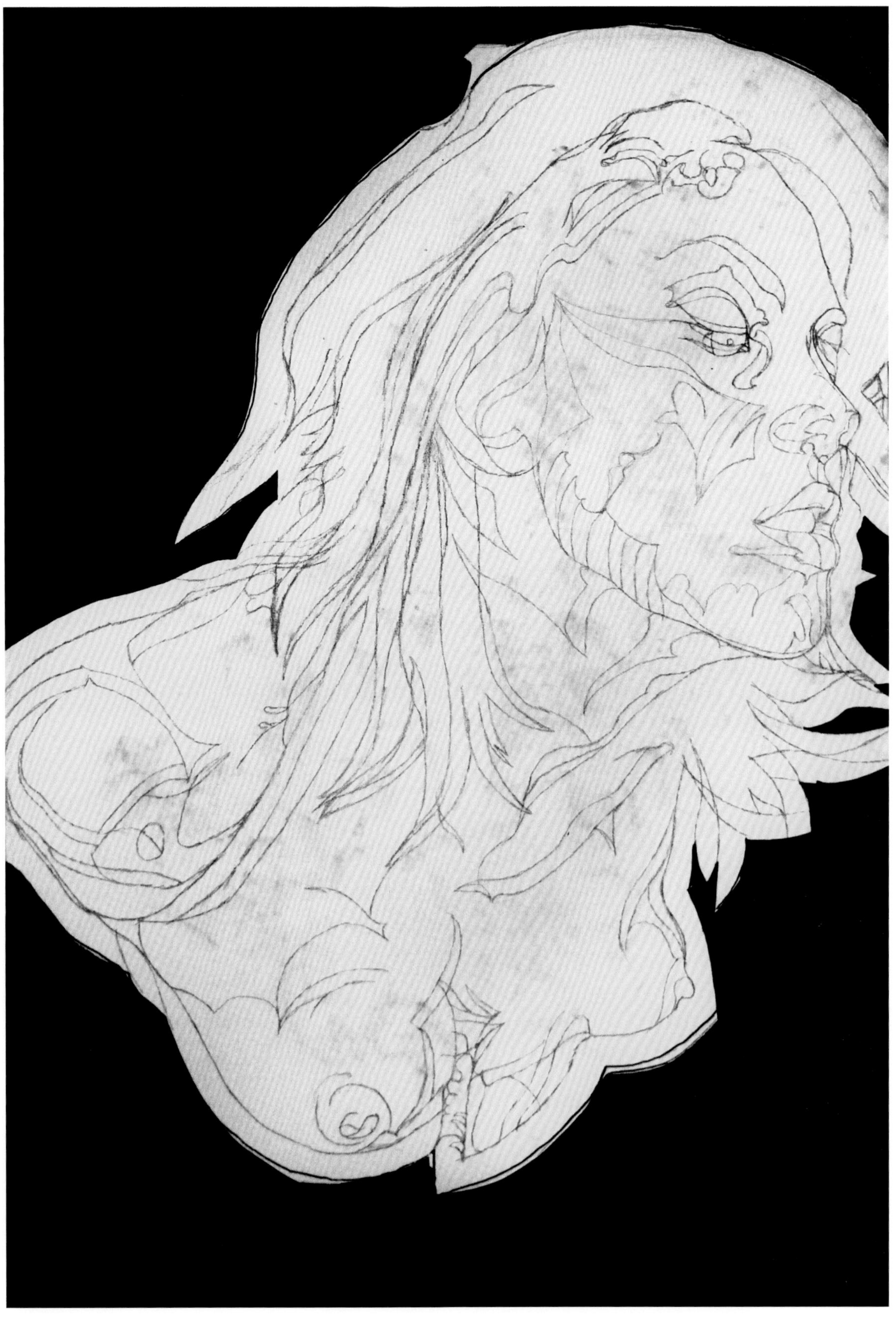

Franz Graf, RIGTHFACCC, 2014

Folgende Doppelseite | following spread: **Franz Graf**, Installationsansicht | installation view KAI 10

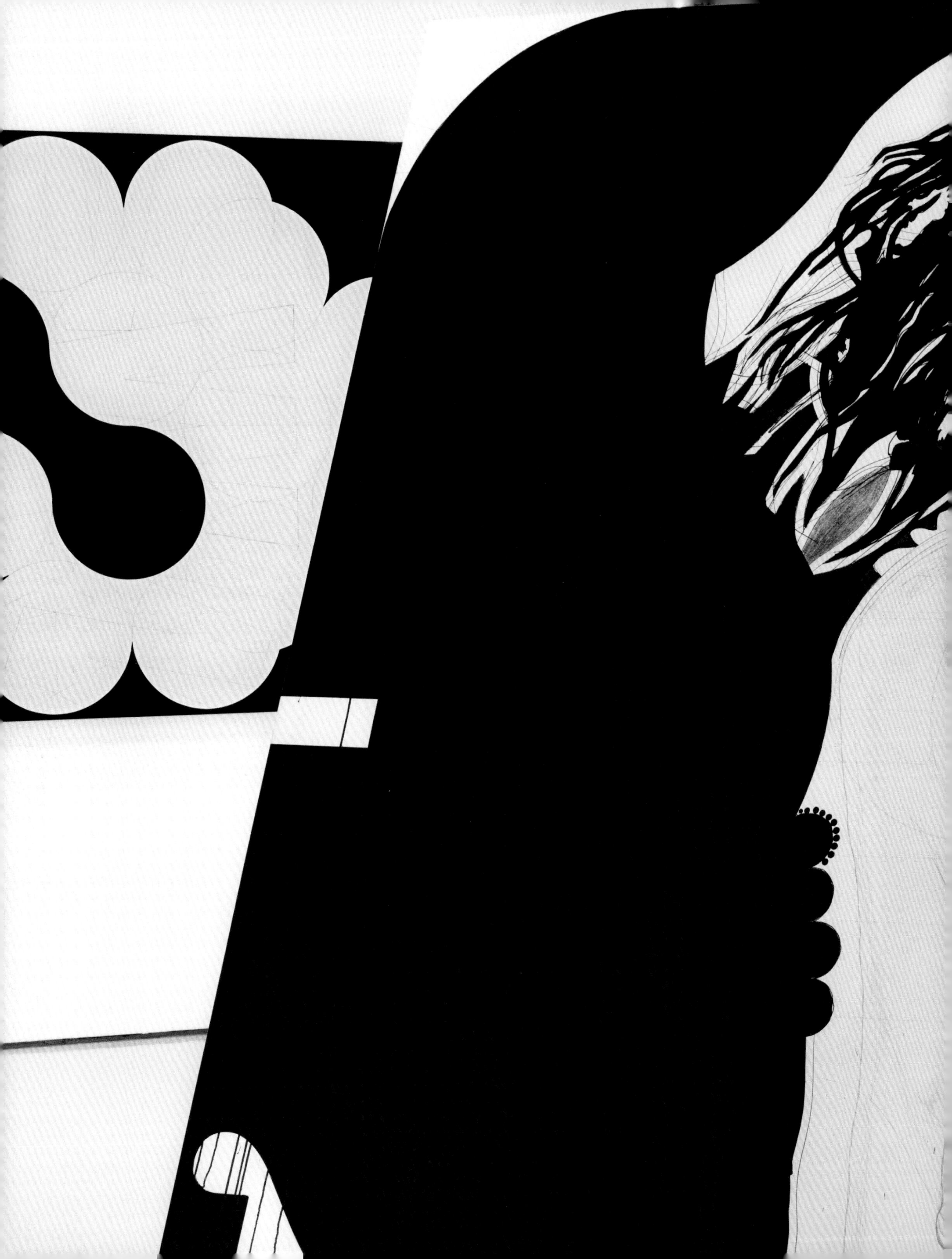

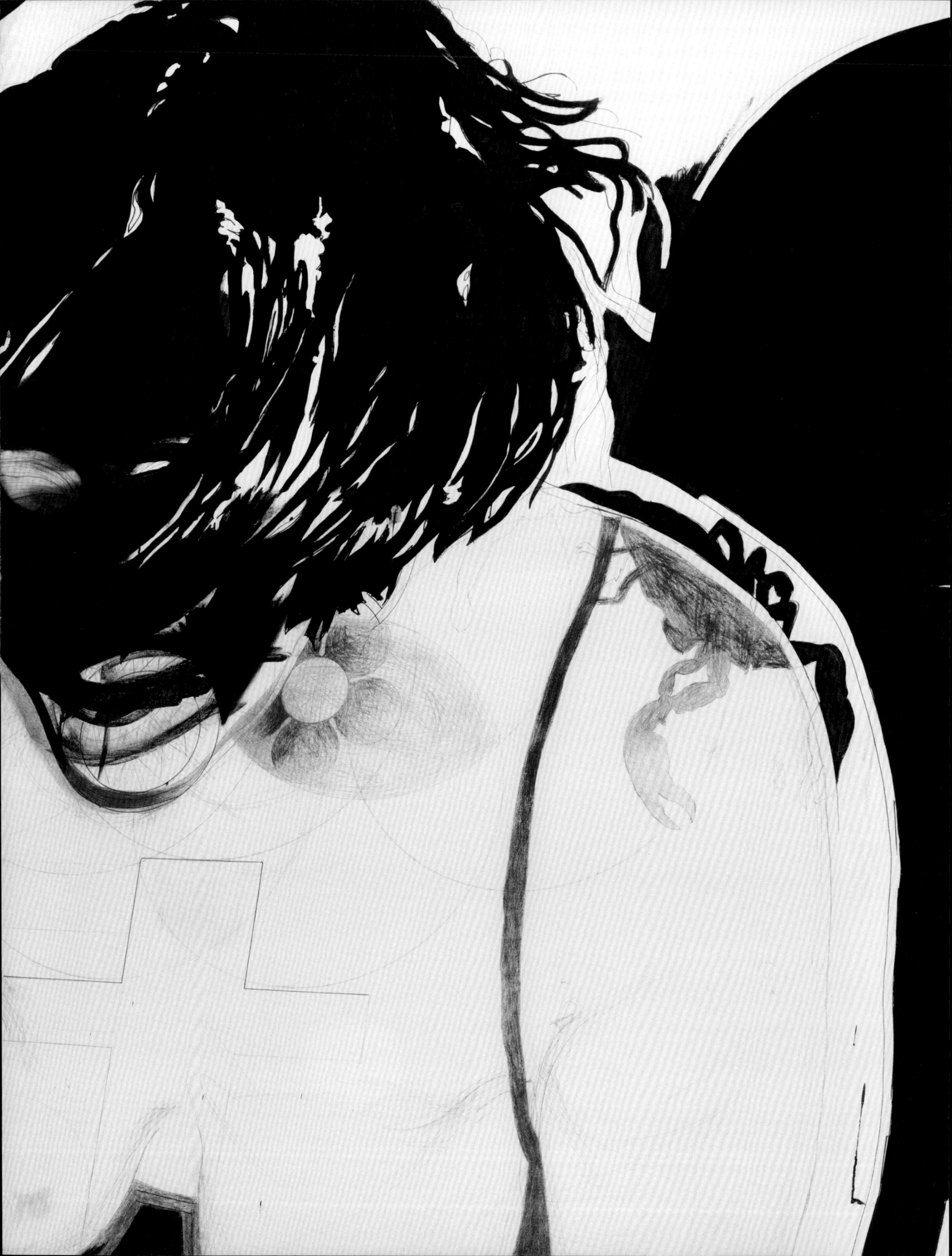

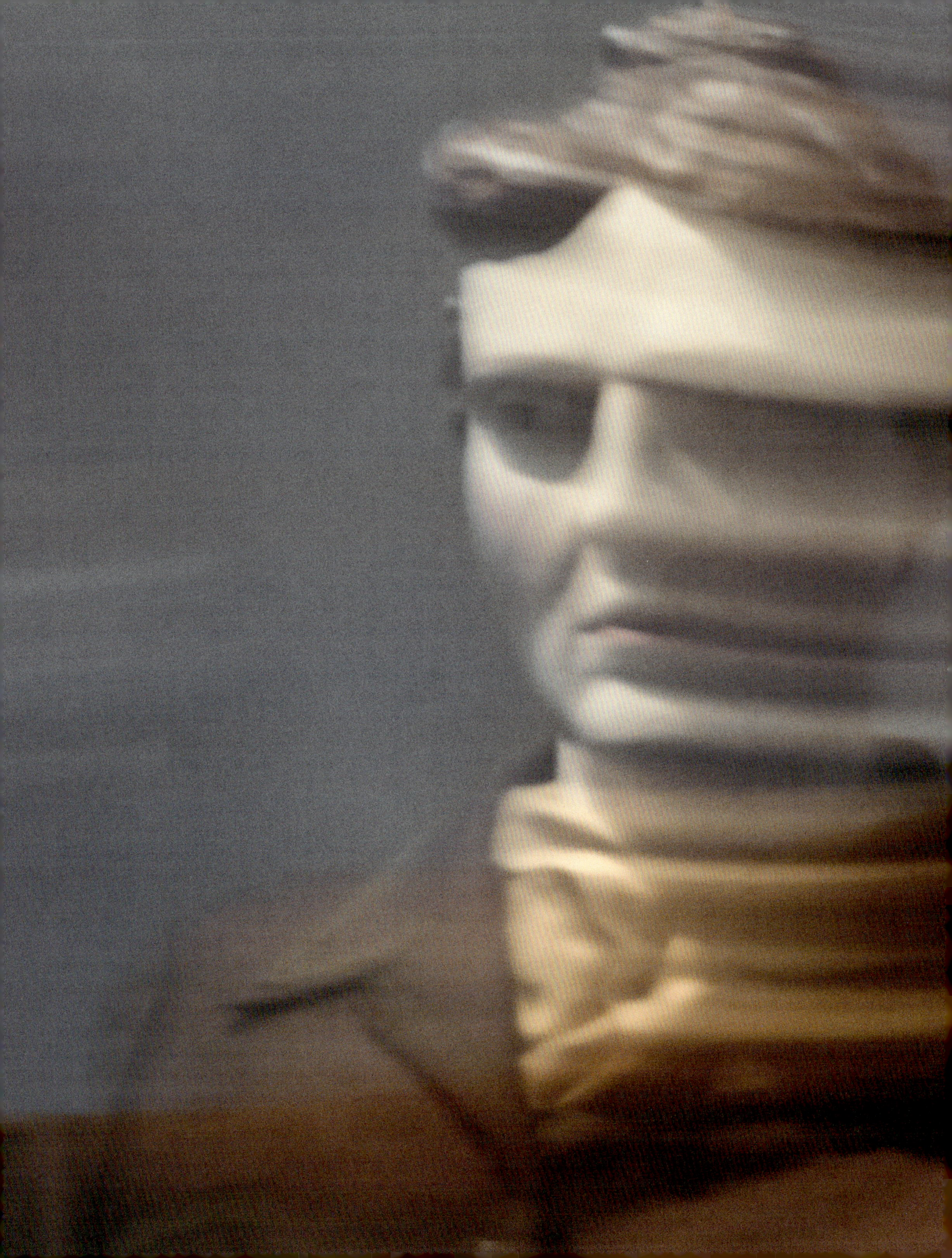

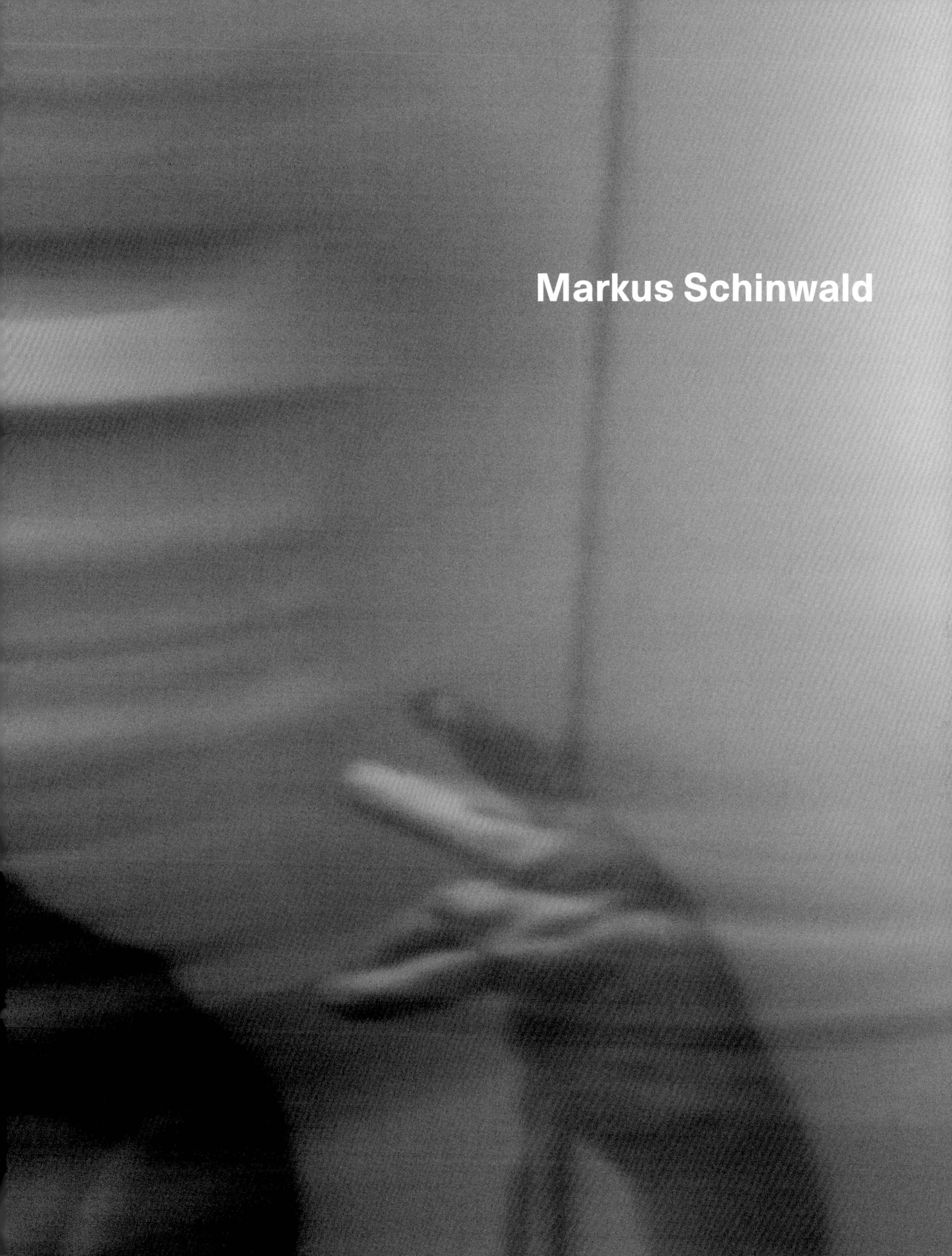

Markus Schinwald

Das Rätsel der Andeutungen

Zdenek Felix

Einen passenden Schlüssel zu der enigmatischen Welt von Markus Schinwald bieten seine Filme. Der 2004 entstandene Film *1st Part Conditional* wird in KAI 10 als permanenter Bestandteil der Ausstellung *Spirit of Austria* gezeigt. In ständiger Wiederholung sieht man mehrere seltsame Szenen, in denen zwei Akteure – eine androgyn aussehende Frau und ein sitzender Mann – agieren, ohne sich zu beachten. Die Frau versucht, sich durch mehrere Räume einer verlassen wirkenden Wohnung zu bewegen, woran sie – durch unsichtbare Kräfte – gehindert wird. Sie fällt auf den Boden, steht erneut auf und verrenkt sich unmittelbar danach, als sei sie von einem epileptischen Anfall gezwungen, zu einem Körperknäuel. Ihr Gegenpart sitzt indessen in einem anderen Raum, schaut ungerührt zu, reagiert aber nicht. Wie von Geisterhand geleitet fällt schließlich ein Teil des Mobiliars in sich zusammen. Begleitet wird das Ganze durch einen kaum verständlichen Text und unheimliche Musik. Ohne einen Leitfaden, ohne eine zusammenhängende Handlung, zieht der Film, der eine beklemmende Atmosphäre verbreitet und die auftauchenden Fragen nach dem Sinn unbeantwortet lässt, quasi am Betrachter vorbei.

An einer Stelle äußerte sich der Künstler zu seiner Vorgehensweise: „Meine Filme haben keinen Anfang und kein Ende. Sie bestehen eigentlich nur aus der Mitte. Es ist eine Art Pseudo-Narration, in der bestimmte Handlungen zwar angedeutet, aber nicht zu Ende gebracht werden; eine Art künstliche Ruine, so als würde man in einem Drehbuch die Szenen, die die Handlung vorantreiben, einfach wegnehmen und nur den Rest übrig lassen."[1] Diese Charakteristik gilt für die meisten Kurzfilme Schinwalds. Selbst in dem wohl narrativsten Streifen *Children's Crusade* (Kinderkreuzzug, 2004) bleibt dem Betrachter nichts anderes übrig, als sich das Ende selbst zu denken. Zu Beginn sieht man einige im Stil der zwanziger Jahre gekleidete Kinder durch leere Gassen einer alten Stadt laufen. Es werden immer mehr, ein Strom aus Körpern bildet sich, man hört Gesang, alle streben in dieselbe Richtung. Eine

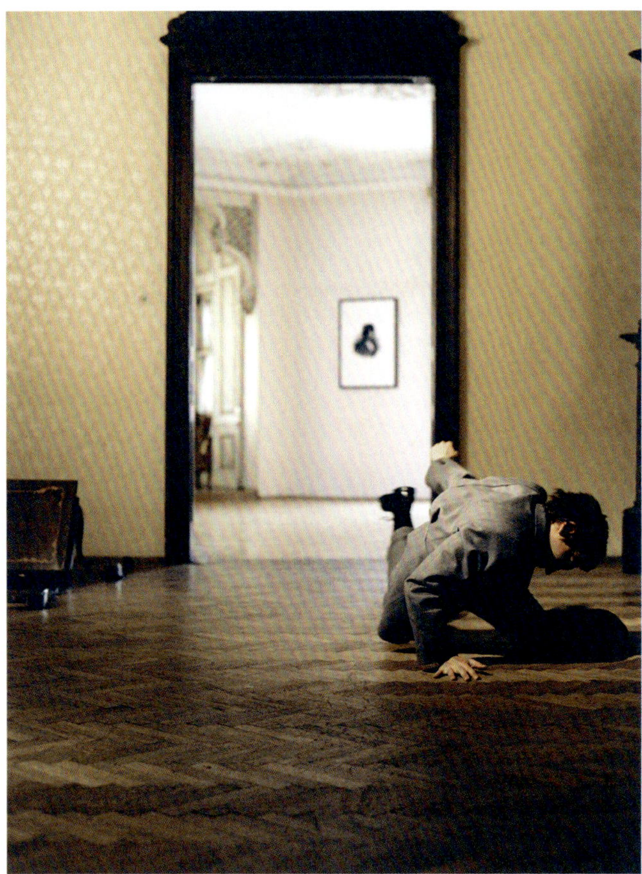

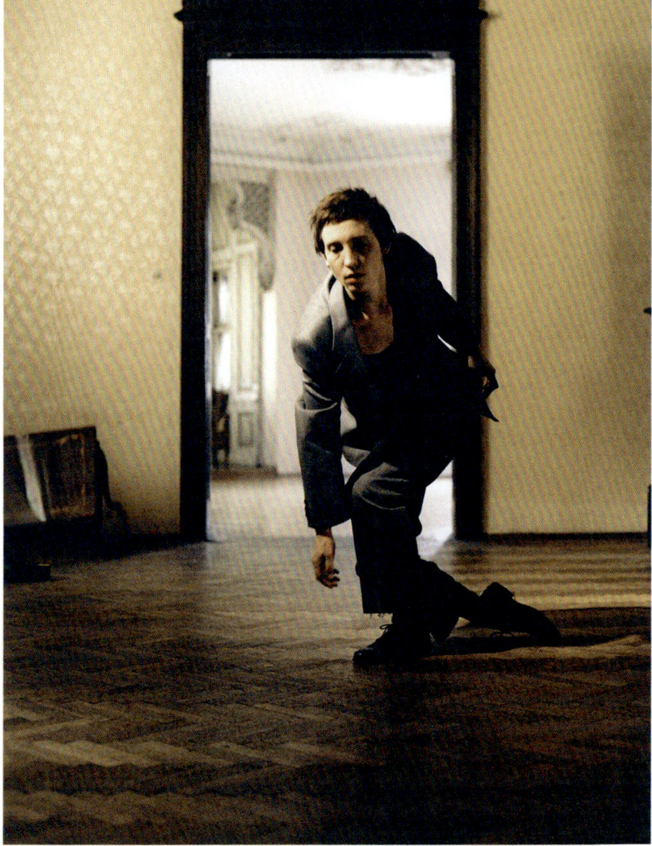

Markus Schinwald, 1st Part Conditional, 2004, Filmstills | film stills, Details

Vorherige Doppelseite | previous spread: **Markus Schinwald**, Solange, 2005, Detail

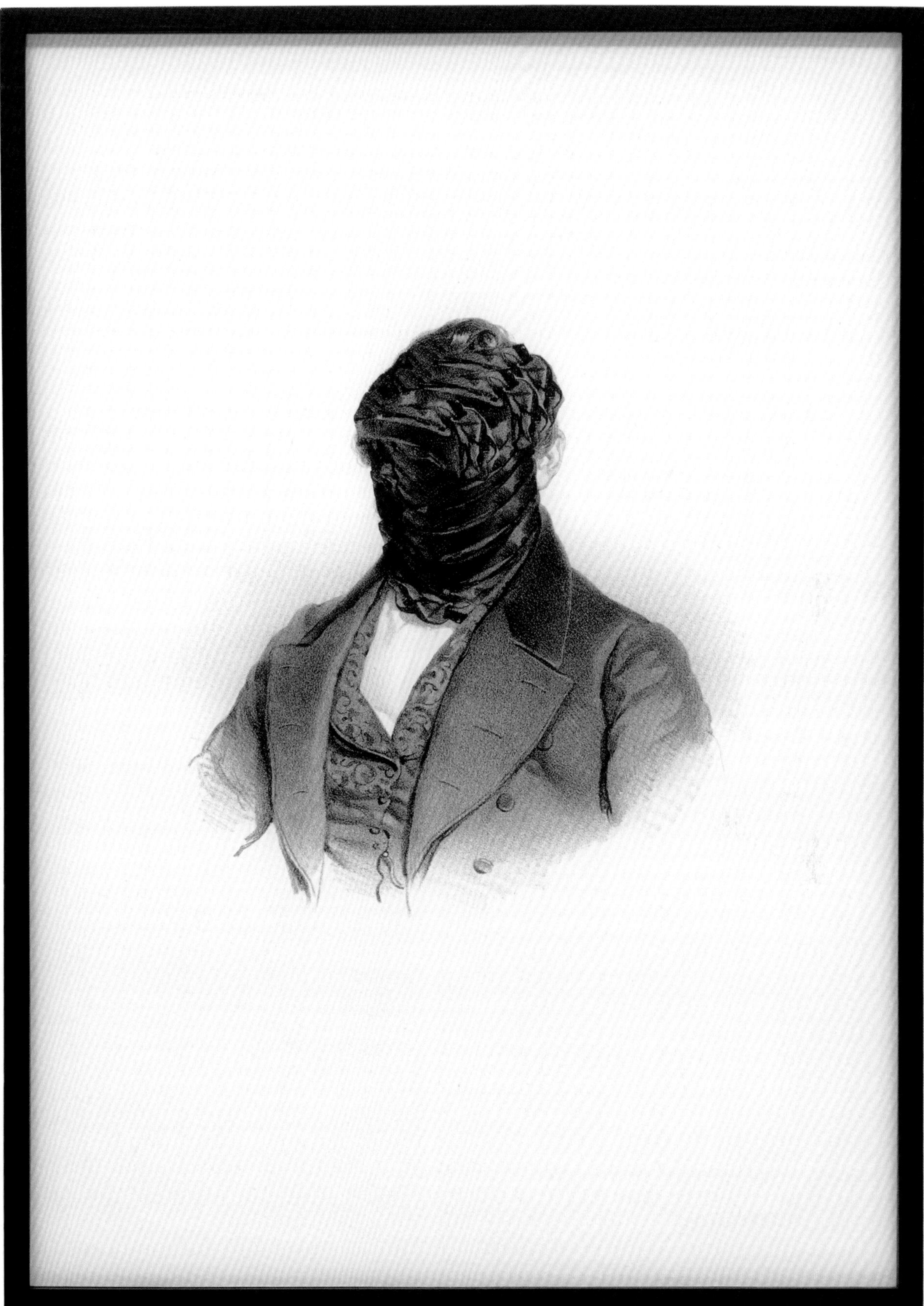

Markus Schinwald, Saul, 2009

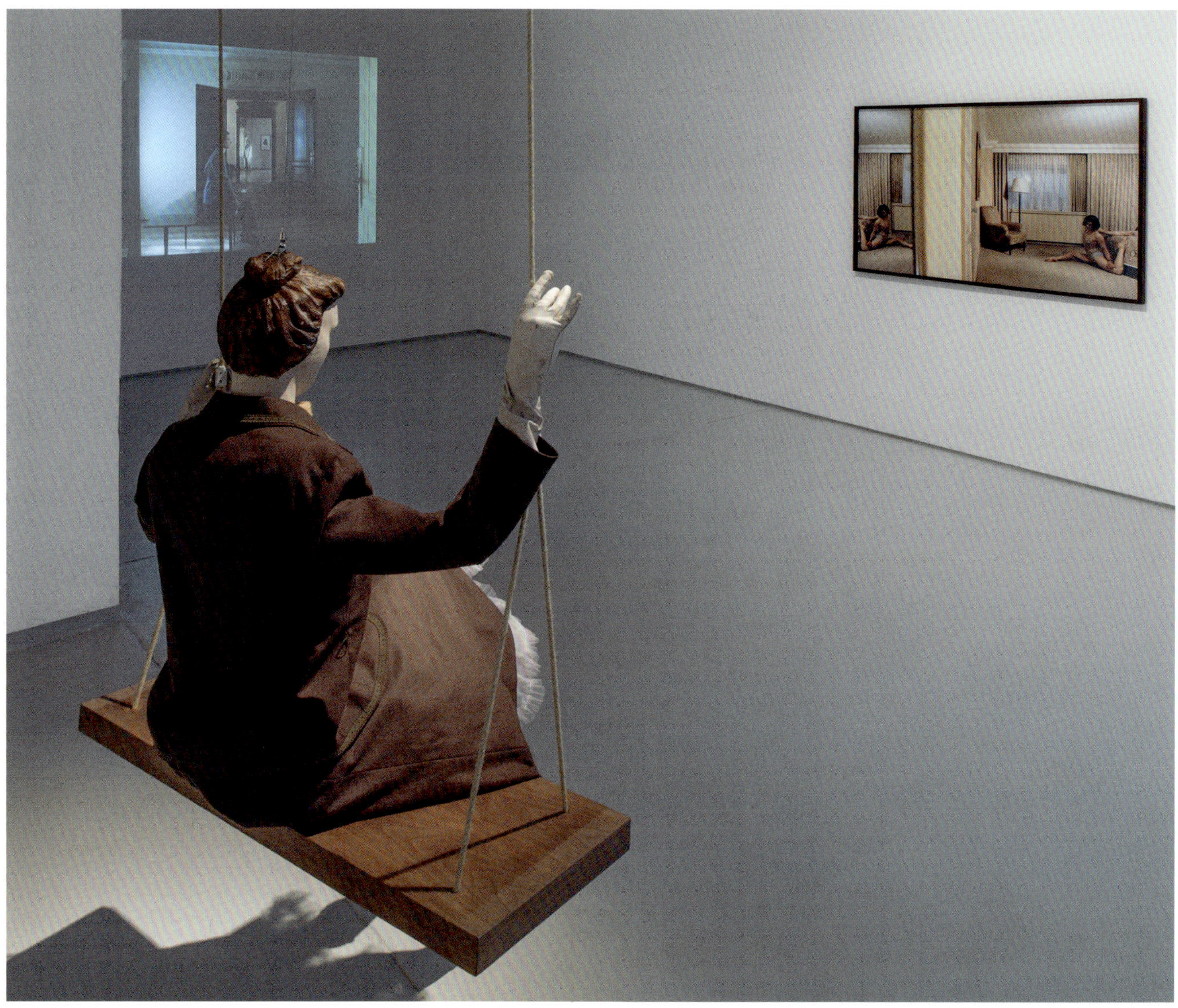

merkwürdige Marionette erscheint, sie führt den Zug an, wobei ihr Gesicht mit Hilfe einer Klappe mehrere Male ausgetauscht wird. Wer aber ist dieser Rattenfänger, dessen Identität man nicht kennt? Und von wem wird er selbst geführt? Für Schinwald stellt gerade diese Anonymität die entscheidende, offene Frage des auf historische Begebenheiten anspielenden Films dar.

Eine komplexere Struktur weist der 2006 entstandene Film *Ten in Love*[2] auf, in dem sich ein wortloses Theater von rätselhaften Begegnungen, Berührungen und Trennungen zwischen mehreren Männern und Frauen abspielt. In einer riesigen Halle, deren architektonische Elemente an das Innere eines Raumschiffes oder an das Goetheanum von Rudolf Steiner in Dornach erinnern, bewegen sich die Akteure wie Marionetten, wobei sie mit bestimmten Objekten hantieren, deren „krypto-religiöse Funktionen wie Überbleibsel einer unbekannten Liturgie“[3] anmuten. Die Figuren agieren wie ferngesteuert, ihre Bewegungen wirken mechanisch. Ein beklemmendes Gefühl der Fremdheit und Verlorenheit stellt sich ein, die angedeuteten Kontakte zwischen den Darstellern laufen offensichtlich ins Leere. In den Wiederholungen der Gesten spiegelt sich etwas von der auffallenden Isoliertheit der einzelnen Handlungen wider. Die traumartige Atmosphäre von *Ten in Love* gemahnt an gewisse Szenerien in den Filmen von Michelangelo Antonioni wie *L'avventura* von 1959 oder *Il deserto rosso* von 1964, deren Stilprinzip vor allem auf der Monotonie und Ausweglosigkeit des Geschehens beruht. Zugleich weist *Ten in Love*, wie andere Filme Schinwalds auch, auf das Interesse des Künstlers an Slapstick-Komödien hin, die zwischen Ernst und Witz kaum unterscheiden und deren Sinn in der Destruktion der Pseudorationalität liegt.

Aufgrund seiner spezifischen Eigenschaften als das Medium von Zeit und Bewegung stellt der Film bei Markus Schinwald eine ideale Verbindung zu allen anderen Ausdrucksformen her. Deshalb spielt er auch in seinen Installationen und Performances eine maßgebliche Rolle. Als Mittel zur Untersuchung theatralisch-performativer Möglichkeiten von Körpern und Räumen, eines der Hauptanliegen Schinwalds, eignet sich die filmische Sprache mindestens so gut wie Tanz oder Ballett. Teilweise werden Skulpturen und Gemälde zusammen mit Architektur in die Filmhandlung einbezogen, wo sie ihr zweites Leben führen und in diesem Kontext andere Bedeutung gewinnen können. Umgekehrt dient der Film der Erweiterung der Gesamtwirkung: Bewegung, Akrobatik, moderner Tanz und Kostümierung der Akteure mit ihren Gesten und Posen mutieren im „beweglichen Medium" zu Trägern zusätzlicher Funktionen. In den raumbezogenen Installationen Schinwalds, wie kürzlich in seiner Ausstellung im Magasin III in Stockholm, fließen filmische Sequenzen mit den architektonischen Elementen der bühnenartig gestalteten Räume zu einem psychisch aufgeladenen Ganzen zusammen. Schinwald gelingt es dabei, reale architektonische Situationen mit illusorischen Szenerien eindrucksvoll zu verbinden. Die spukhaft aus den Wänden hervortretenden und durch die realen Türöffnungen wieder verschwindenden fiktiven Menschen vermögen dabei die Räume in ein Labor der Körperlichkeit umzuwandeln.

Eine merkwürdige Spannung zwischen Fiktion und Realität erzielt Schinwald ebenfalls in seinen Plastiken und Bildern. Wirken einige Passagen seiner Filme als diskontinuierliche Abläufe surrealer Szenen, verhalten sich seine Zeichnungen, Objekte und Gemälde mit Motiven aus dem Biedermeier wie Konserven einer eingefrorenen Zeit. In seinen restaurierten, anonymen Bildnissen aus dem 19. Jahrhundert, die nachträglich mit artifiziellen Bandagen, Prothesen und Masken ergänzt werden, stellt er Fragen nach der Vergänglichkeit kultureller Phänomene wie Mode, Stil und Tradition. In seinen Objekten und Skulpturen spricht er fetischistische Aspekte der Bekleidung und der bürgerlichen Repräsentation an. So bleibt das Paar Damenschuhe in einer Vitrine unbrauchbar und mutiert zu einem befremdlichen Objet trouvé aus der „Wunderkammer" einer bürgerlichen Kultur. Ein an der Wand hängendes Paar weiblicher Beine in gemusterten Strümpfen und High Heels (*Beine*, 2012) verwandelt sich in einen Zwitter aus Schaufensterdekoration und Paraphrase zu Marquis de Sade. Als zweifellos besonders irritierendes Objekt kann die Skulptur *Solange* (2005) gelten. Auf einer Schaukel sitzt eine weibliche, in ein altmodisches

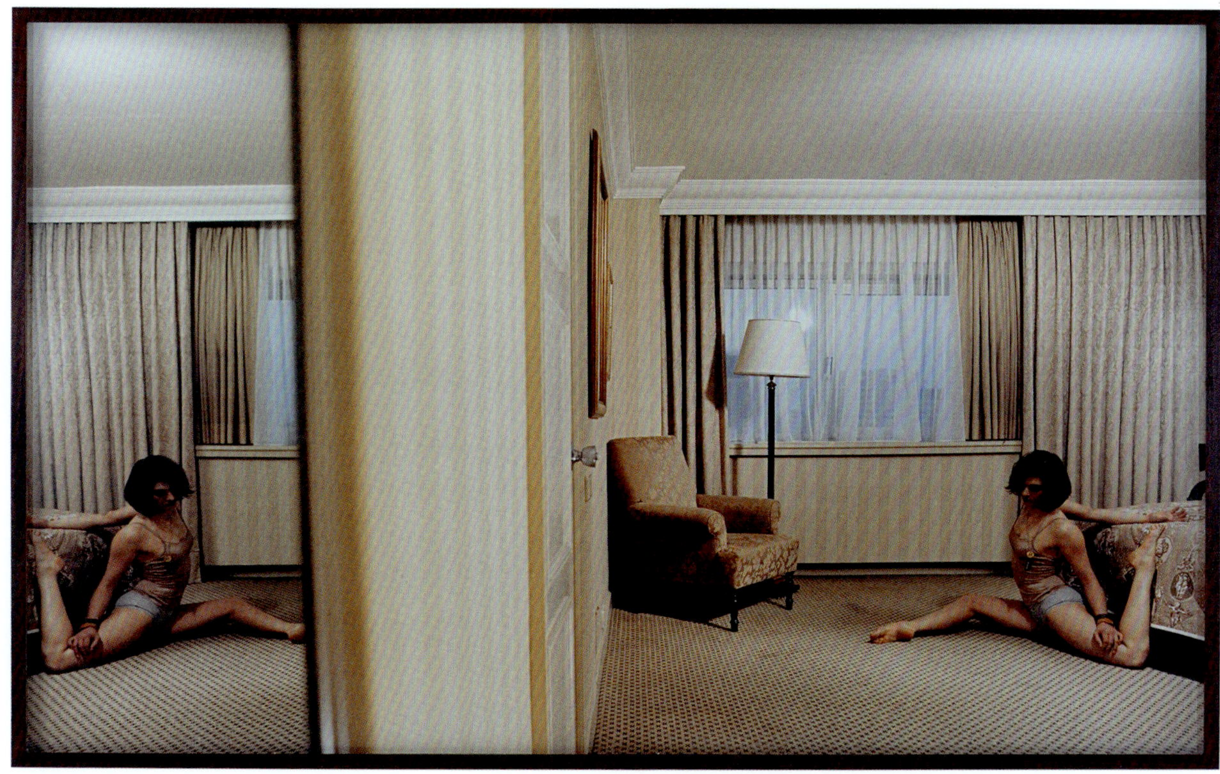

Markus Schinwald, Contortionists (Daniela), 2005

Vorherige Seite | previous page: **Markus Schinwald**, Installationsansicht | installation view KAI 10

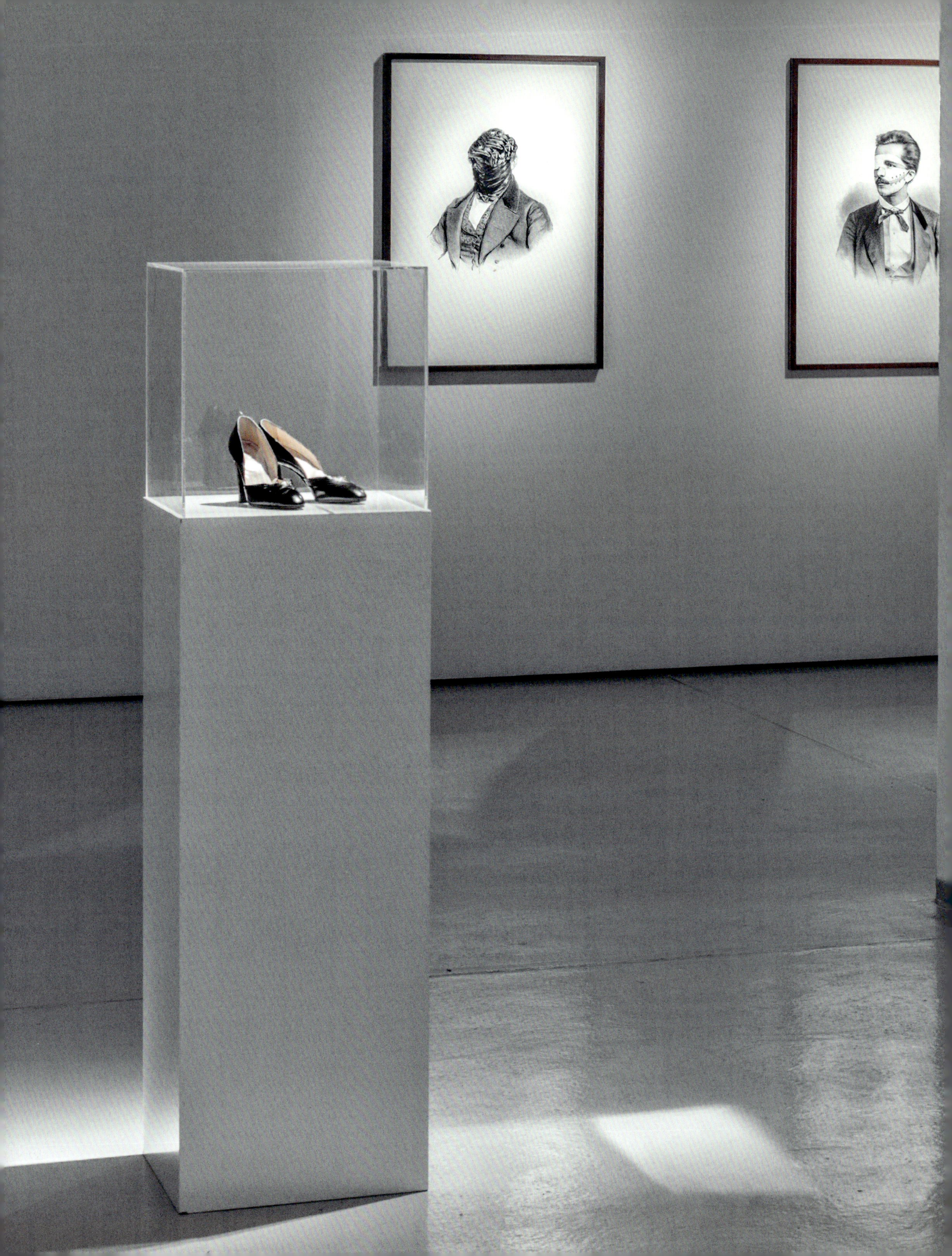

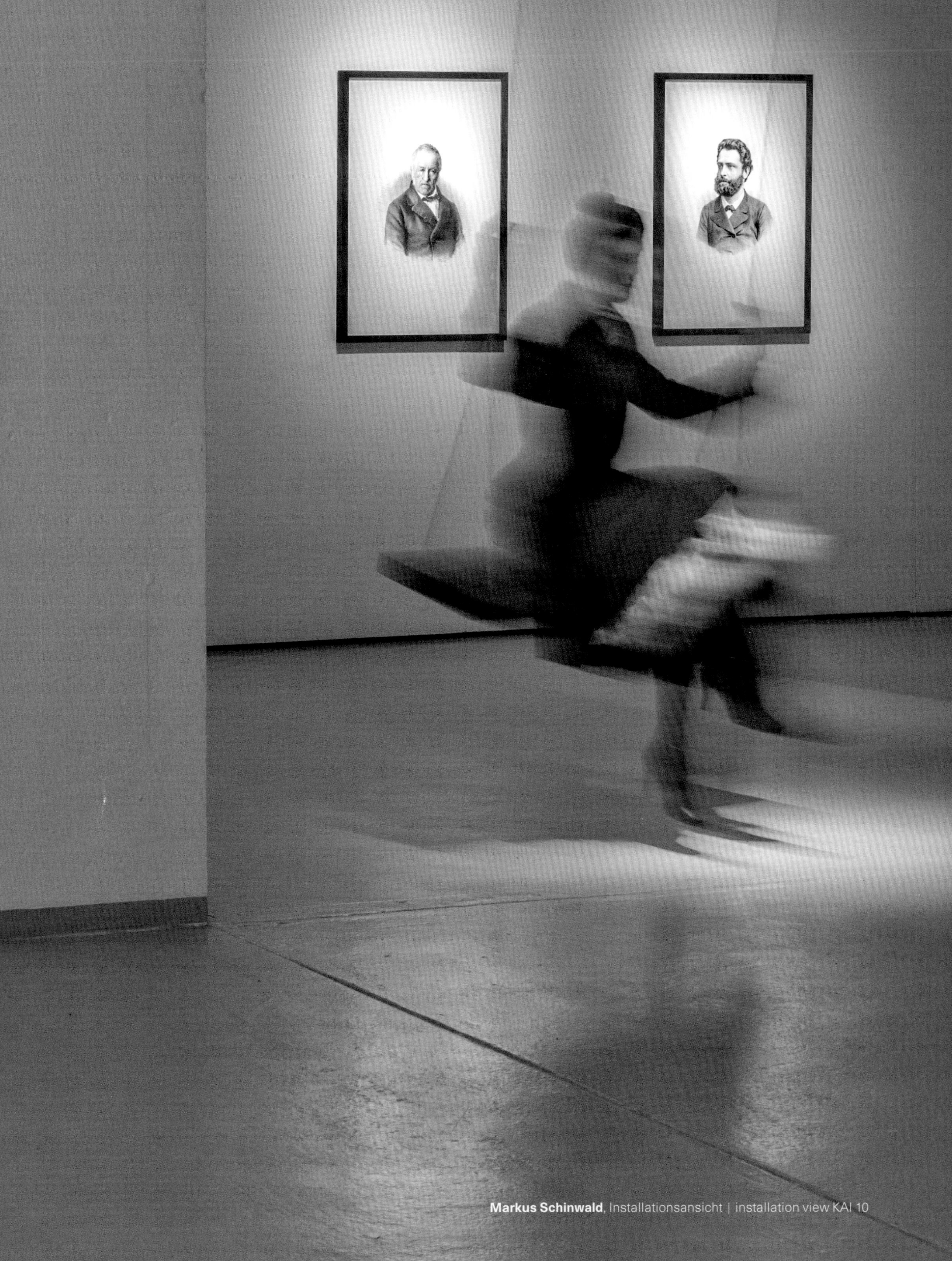

Markus Schinwald, Installationsansicht | installation view KAI 10

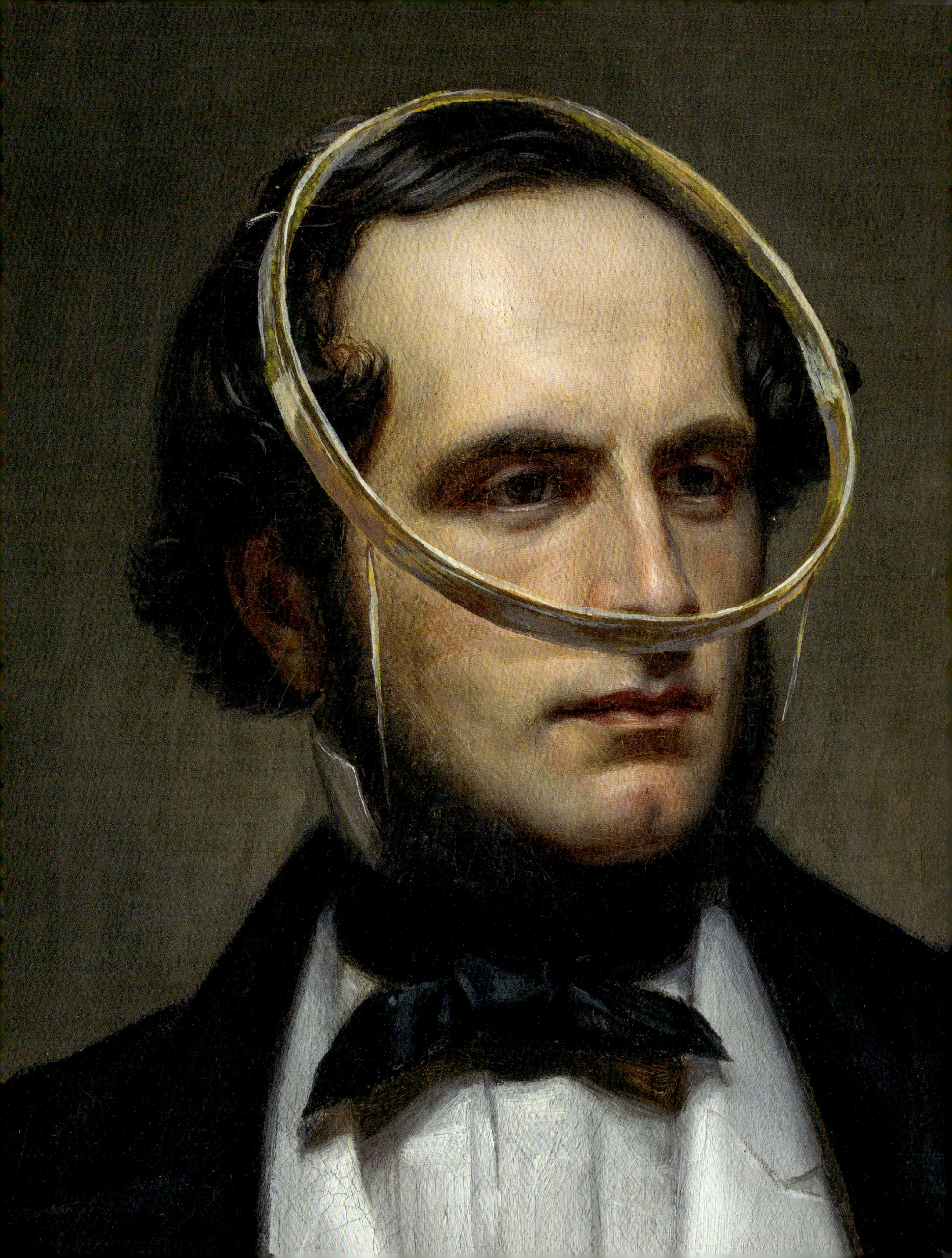

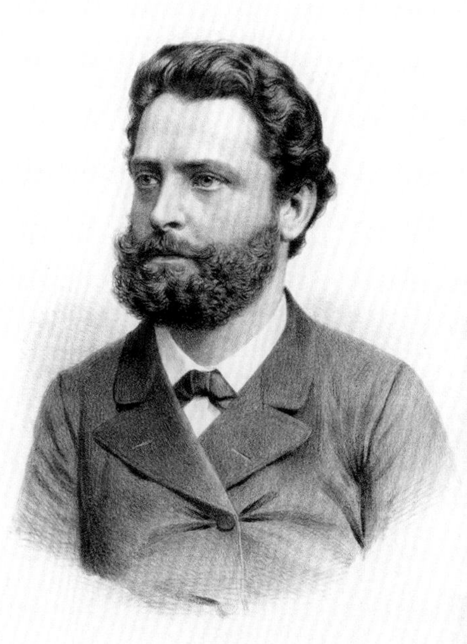

Kostüm mit langem Rock gekleidete, lebensgroße Puppe. Sie schaukelt langsam hin und her, wobei ihr Blick unbewegt ins Leere zielt, als ob sie in der Wiederholung des Geschehens aufginge. Bestimmte erotisch aufgeladene Figuren von Balthus wie auch die Mannequins von Giorgio de Chirico dürften ihre Verwandten sein.

1 Ausst.-Kat. *Le Surréalisme c'est moi!*, Kunsthalle Wien, Gerald A. Matt (Hrsg.), Wien 2011, S. 16.

2 *Children's Crusades* und *Ten in Love* wurden in KAI 10 | Arthena Foundation am 12. November 2015 zusammen mit weiteren Filmen von Markus Schinwald gezeigt.

3 Programmheft *Markus Schinwald*, Argos – Centrum voor Kunst en Media, Brüssel, 2006, S. 2.

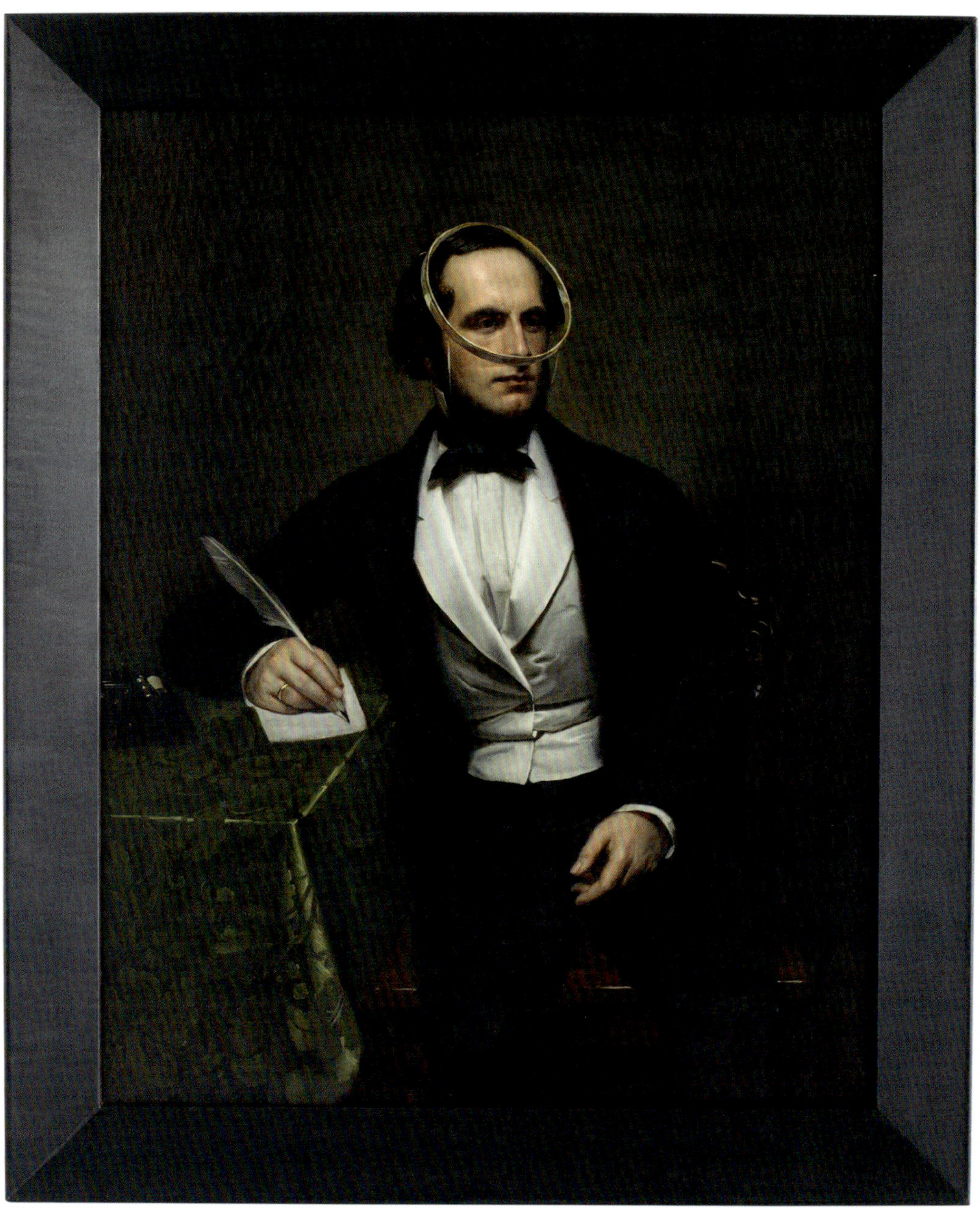

Markus Schinwald, Walton, 2015

Vorherige Doppelseite rechts | previous spread right: **Markus Schinwald**, Ludwig, 2004

The Enigma of Allusions
Zdenek Felix

Markus Schinwald's films provide a fitting key to the artist's enigmatic world. The film *1st Part Conditional* of 2004 is presented at KAI 10 as a permanent component of the show *Spirit of Austria*. We see a number of peculiar scenes in constant repetition, where two protagonists—an androgynous-looking woman and a seated man—act without taking notice of one another. The woman makes an effort to move through various rooms of an apparently abandoned apartment and, doing so, is constrained by invisible powers. She falls down, she gets back up and, as if forced by some epileptic seizure, contracts into bodily spasms. Her counterpart, meanwhile, is sitting in another room watching her, but he does not react. Finally, parts of the furniture collapse on their own accord. The whole scene is accompanied by a somewhat incomprehensible text and eerie music. Without a guiding thread or coherent plot, the film—creating an oppressive atmosphere and leaving questions related to its meaning unanswered—seems to drift right past the viewer.

At one point the artist commented his approach: "My films have no beginning and no end. They actually consist of the middle part only. It is a kind of pseudo-narrative, in which certain acts are alluded to but not executed in full: a kind of artificial ruins, as though someone would remove from a script those scenes that bring the plot forward and leave just the rest."[1] This characteristic is valid for most of Schinwald's short films. Even in the probably most narrative strip *Children's Crusade* of 2004, the viewer has no other choice but to come up with an ending himself. At the beginning one sees some children dressed in the style of the 1920s running through empty allies of an old town. Gradually there are more and more of them, forming a stream of bodies, one can hear singing, while all of them are heading in the same direction. A strange marionette comes to the fore; it is leading the procession, with its face being revealed and exchanged several times by means of a shutter. But who is this Pied Piper, whose identity remains obscure? And by whom is he himself being guided? For Schinwald, it is precisely this state of anonymity that provides the essential, unanswered question behind this film, which at the same time refers to historical incidents.

A more complex structure is given in the film *Ten in Love*[2] created in 2006, in which a wordless spectacle of mysterious encounters, contacts and separations between various men and women takes place. In a gigantic hall with architectural elements recalling the interior of a space shuttle or Rudolf Steiner's Goetheanum in Dornach, the protagonists move about like marionettes, while tampering with certain objects which take on a "crypto-religious function, seeming like relics of an unknown liturgy."[3] The figures act as if they were remote-controlled; their movements seem mechanically driven. A discomforting feeling of alienation or forlornness arises; the merely suggested contacts between the actors apparently lead to nothing. Repetitious gestures reflect the conspicuous isolation inherent in the individual actions. The dreamlike atmosphere of *Ten in Love* reminds of certain scenes in the films of Michelangelo Antonioni such as *L'avventura* of 1959 or *Il deserto rosso* of 1964, whose stylistic principle is mainly grounded on the monotony and inescapability of the occurrences. At the same time *Ten in Love*, like other films by Schinwald, points to the artist's interest in slapstick comedy, which hardly draws a line between the serious and the humoristic and rather seeks its significance in the destruction of pseudo-rationalism.

In view of its specific features as the medium of time and motion, film provides an optimum connection to all other forms of expression in the work of Markus Schinwald. This is why it also plays a significant role in his installations and performances. As a means of exploring theatrical-performative possibilities of bodies and spaces, one of Schinwald's main concerns, film language is just as well-suited as dance or ballet. Sculptures and paintings along with architecture are in some cases integrated into the film plot, where they lead a second life and within this context can gain another meaning. By the same token, film allows the enhancement of the overall effect: Movement, acrobatics, modern dance and the costuming of the actors, each with their gestures and poses, in the "motion medium" will mutate into carriers of supplementary functions. In Schinwald's site-specific installations, as for example in his recent show at the Magasin III in Stockholm, film sequences melt with architectural elements of the stage-like designing of the space to form a psychically charged entity. Schinwald succeeds in combining real architectural situations with illusionary sceneries. Fictive humans who will emerge from a wall in a ghostly manner only to disappear again through real doors are capable of transforming the rooms into a laboratory of physicality.

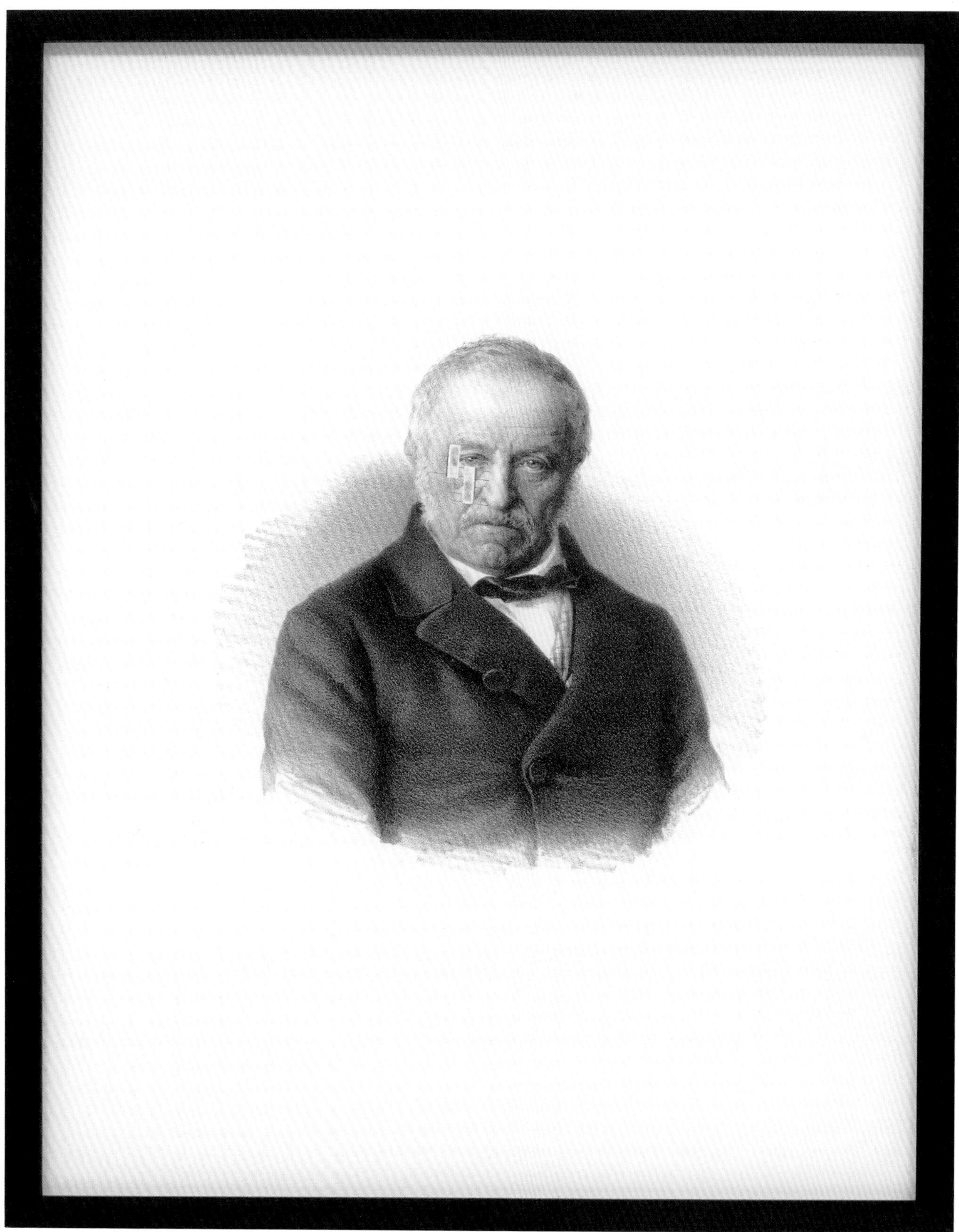

Markus Schinwald, Rudolf, 2004
Folgende Seite | following page: **Markus Schinwald**, Installationsansicht | installation view KAI 10

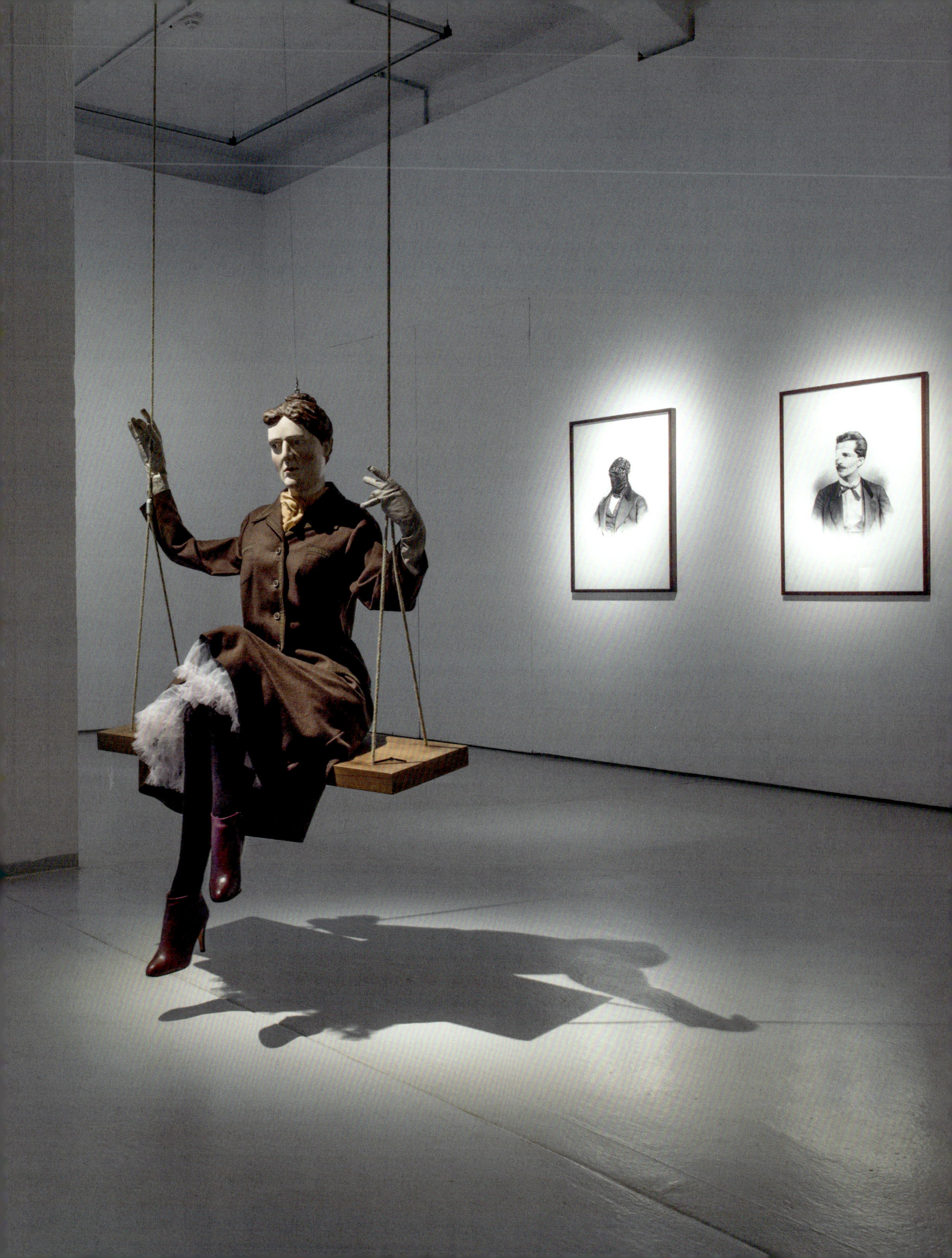

Schinwald likewise attains a strange tension between fiction and reality in his sculptures and pictures. While some passages in his films come across as discontinuous procedures of surreal scenes, his drawings, objects and paintings with motifs from the Biedermeier period appear as preservations of some frozen time. In his restored, anonymous portraits from the 19th century, later supplemented with artificial bandages, prostheses and masks, he raises questions related to the impermanence of cultural phenomena like fashion, style or tradition. In his objects and sculptures, he addresses fetishistic aspects of clothing and bourgeois representation. The contorted pair of ladies' shoes presented in a showcase, for instance, remain unusable, thus turning into an extraordinary objet trouvé from a "cabinet of wonder" of some bourgeois culture. A pair of female legs in patterned stockings and high heels (*Beine* [Legs], 2012) hung on a wall transforms into a hybrid somewhere between a window display decoration and a paraphrase of Marquis de Sade. What doubtlessly works as a particularly irritating object is the sculpture *Solange*, 2005. A life-size female doll dressed in an old-fashion costume with a long skirt sits on a swing. Slowly swinging back and forth, her gaze is directed immovably into emptiness, as though she were entirely taken up by the repetition of occurrences. Presumably, certain erotically charged figures of Balthus as well as Giorgio de Chirico's mannequins are among her relatives.

[1] Exh. cat. *Le Surréalisme c'est moi!*, Kunsthalle Wien, Gerald A. Matt (ed.), Vienna 2011, p. 16.

[2] *Children's Crusades* and *Ten in Love* were presented at KAI 10 | Arthena Foundation on November 12, 2015 together with further films by Markus Schinwald.

[3] Program *Markus Schinwald*, Argos-Centrum voor Kunst en Media, Brussels 2006, p. 2.

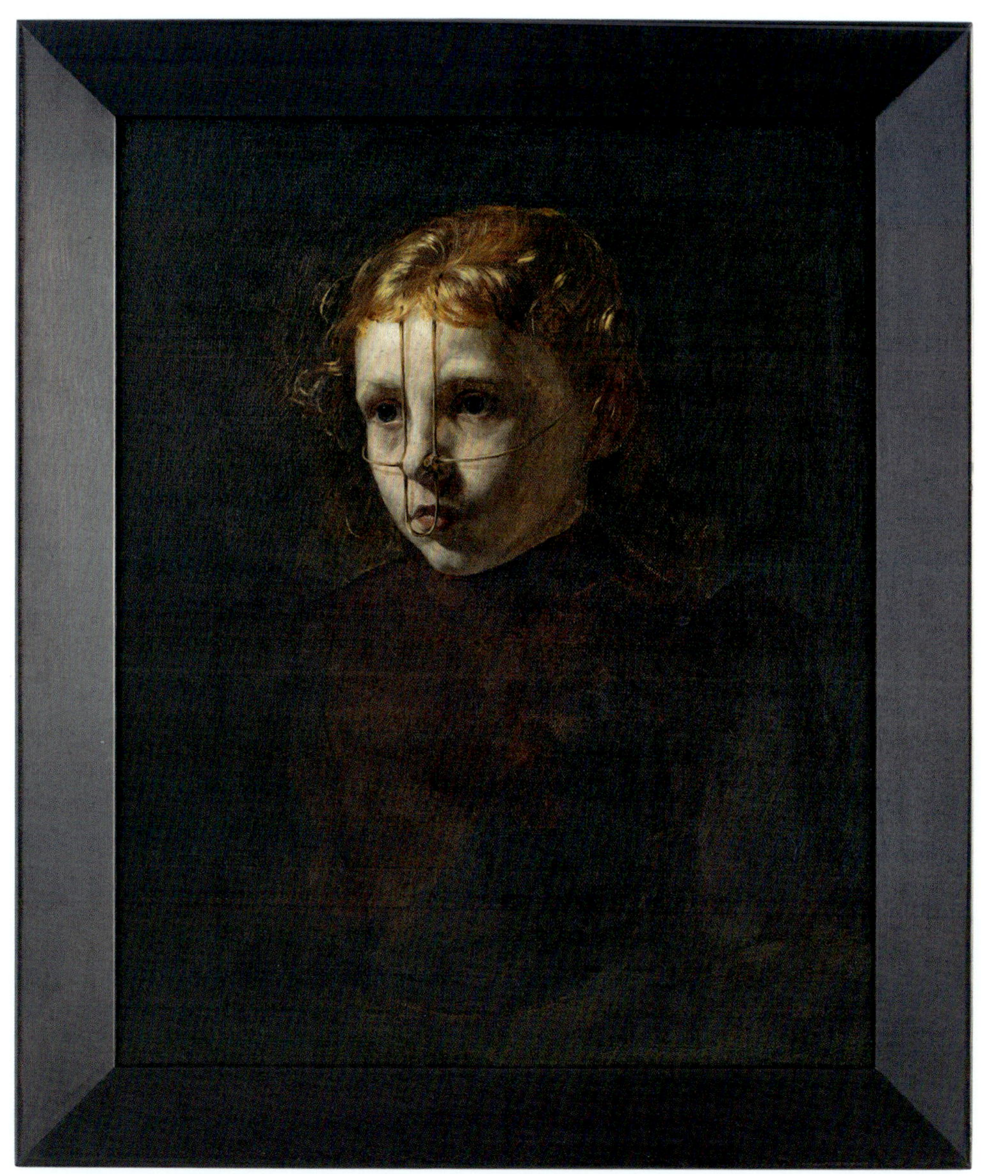

Markus Schinwald, Margo, 2015

Folgende Seite | following page: **Markus Schinwald**, Installationsansicht | installation view KAI 10

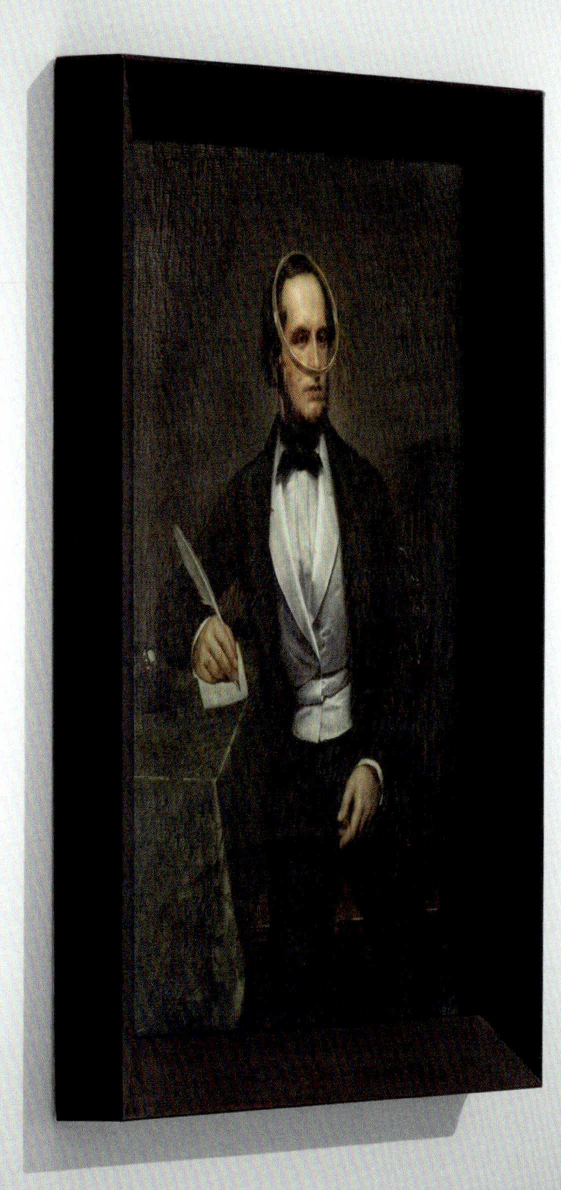

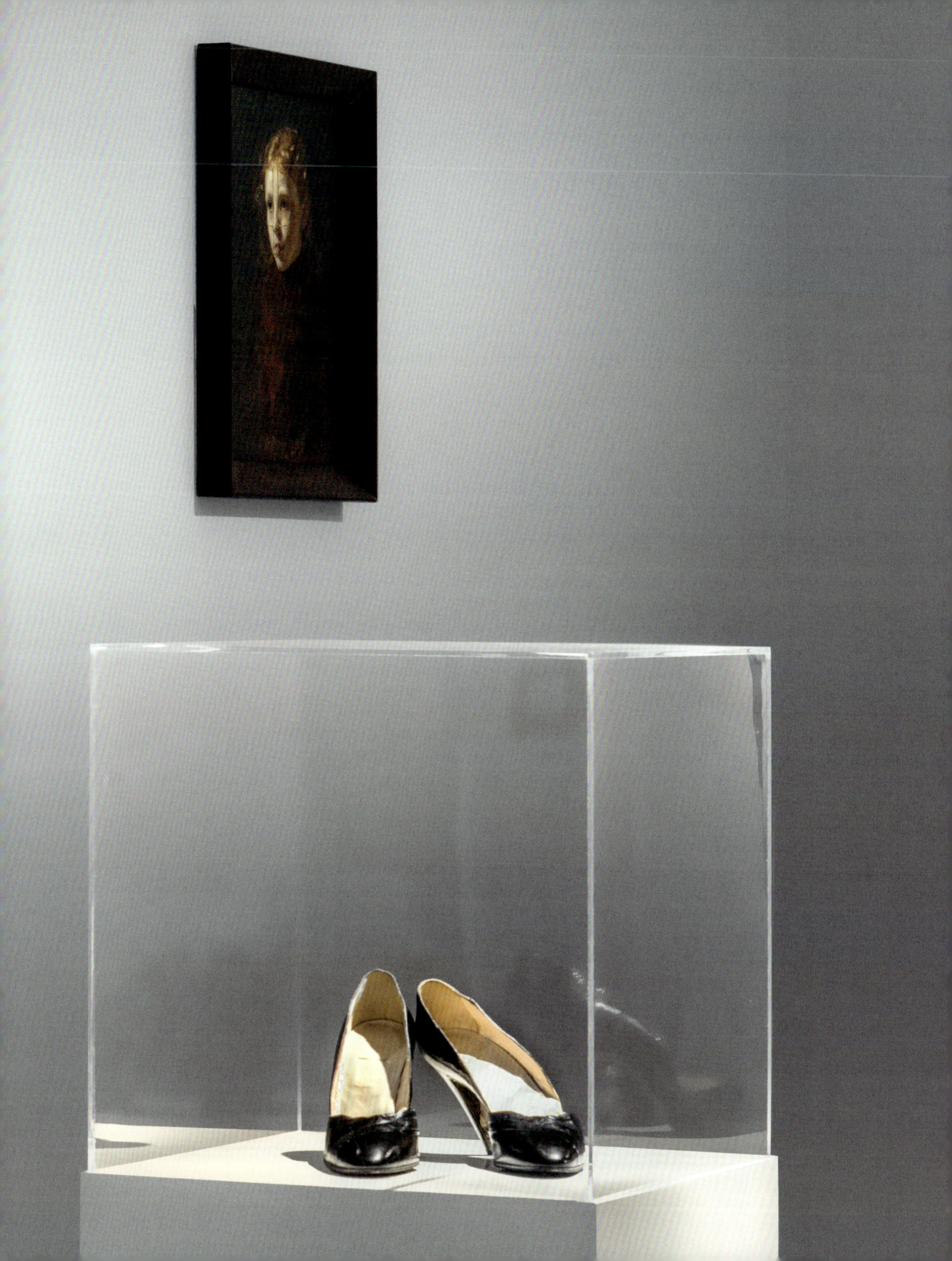

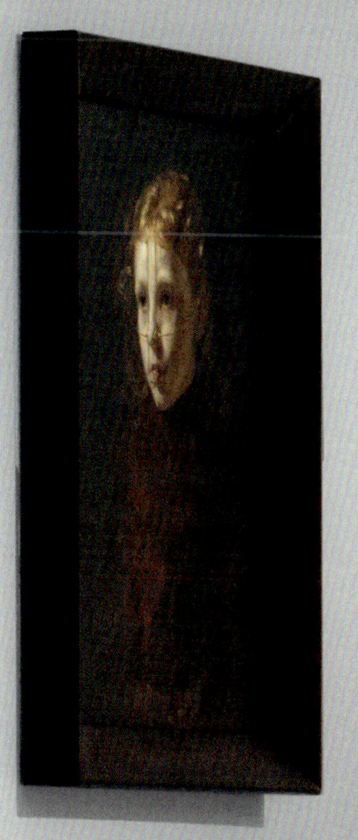

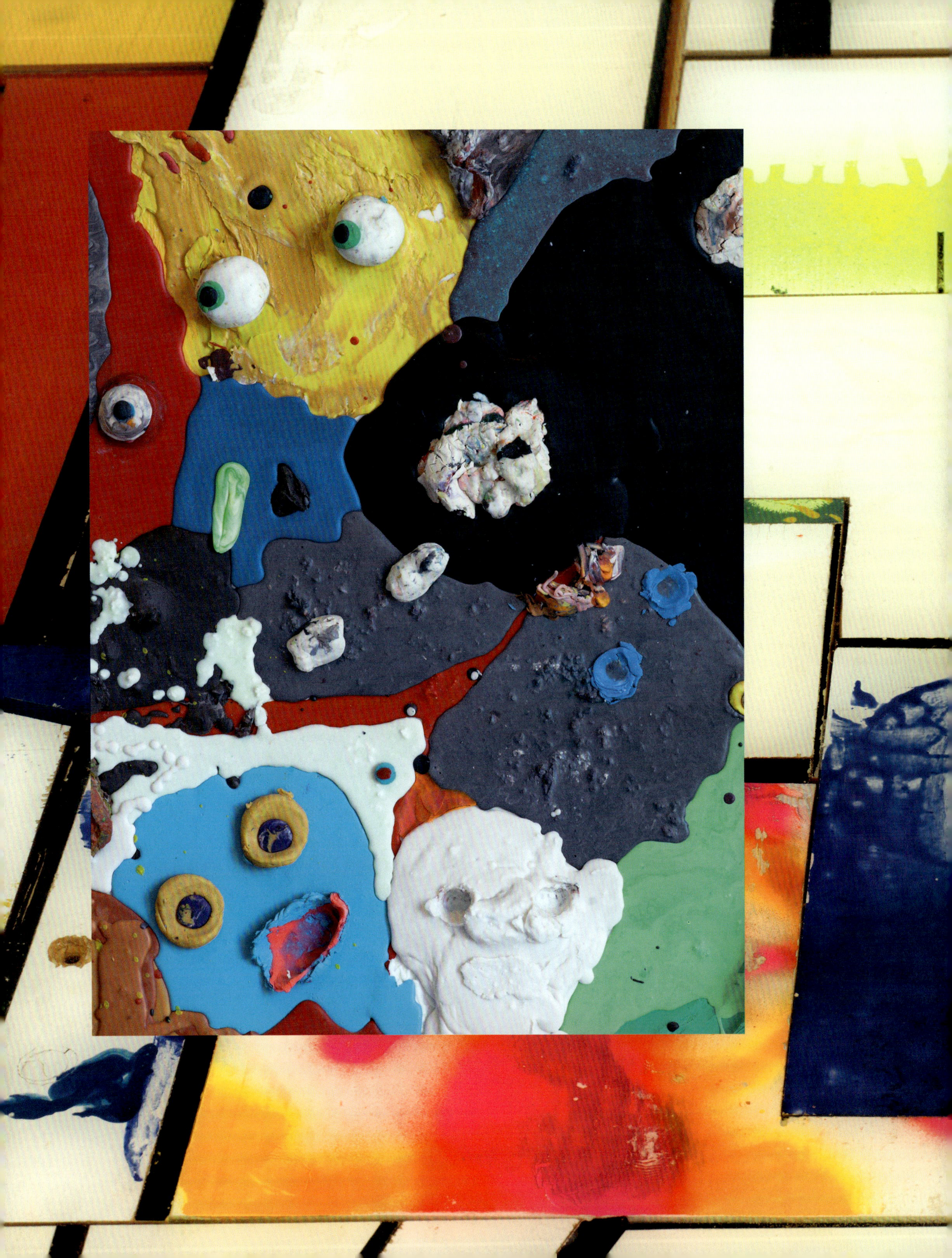

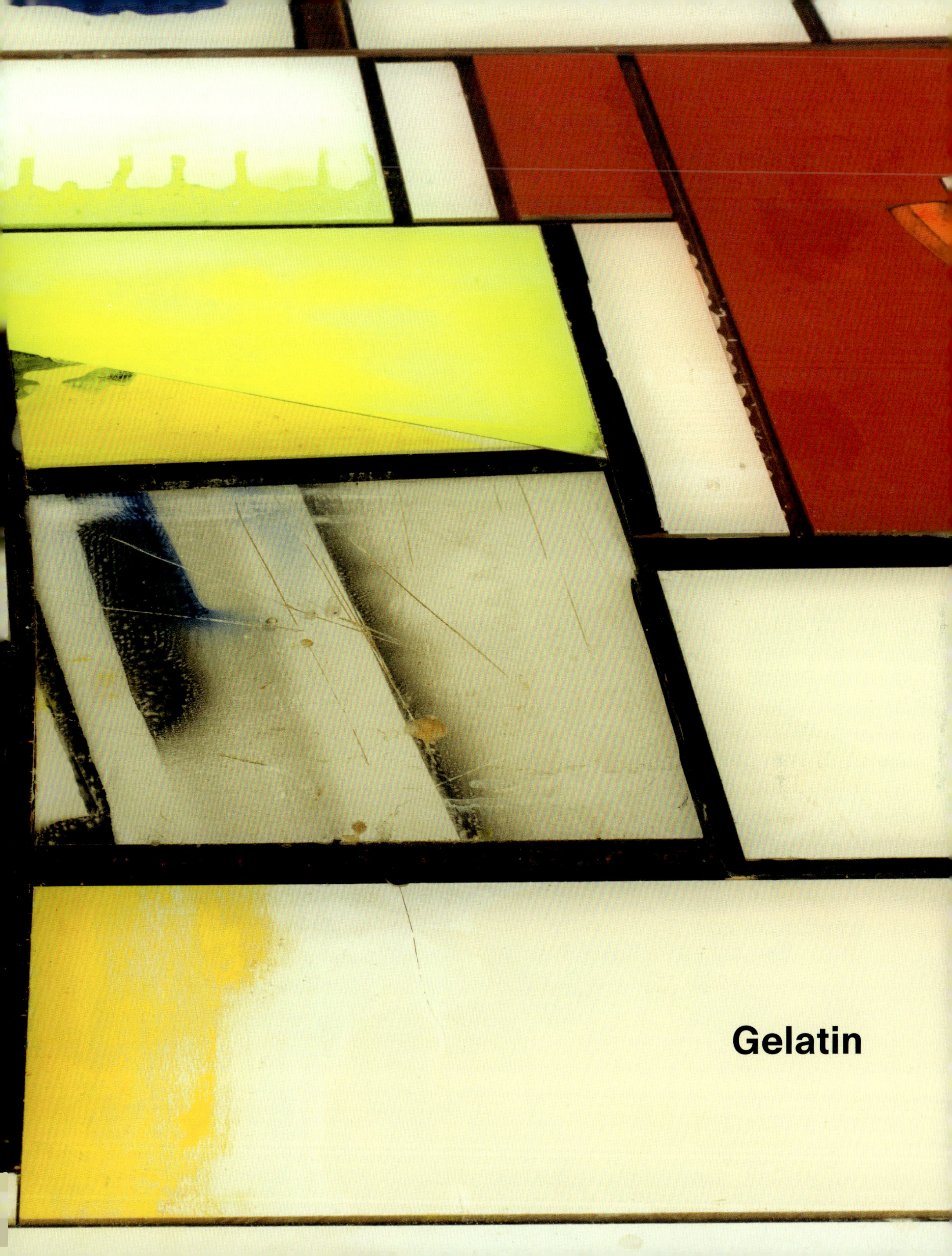
Gelatin

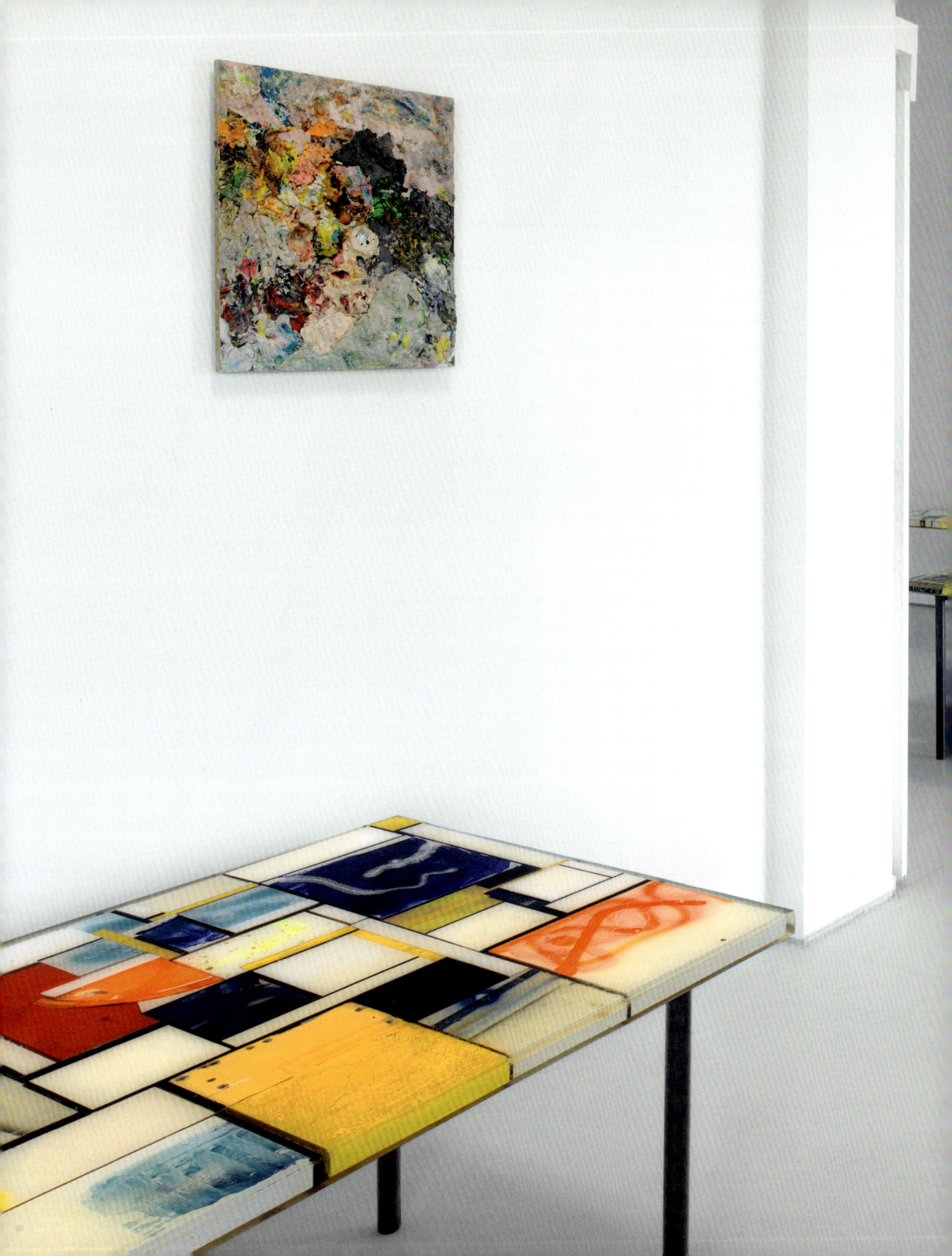

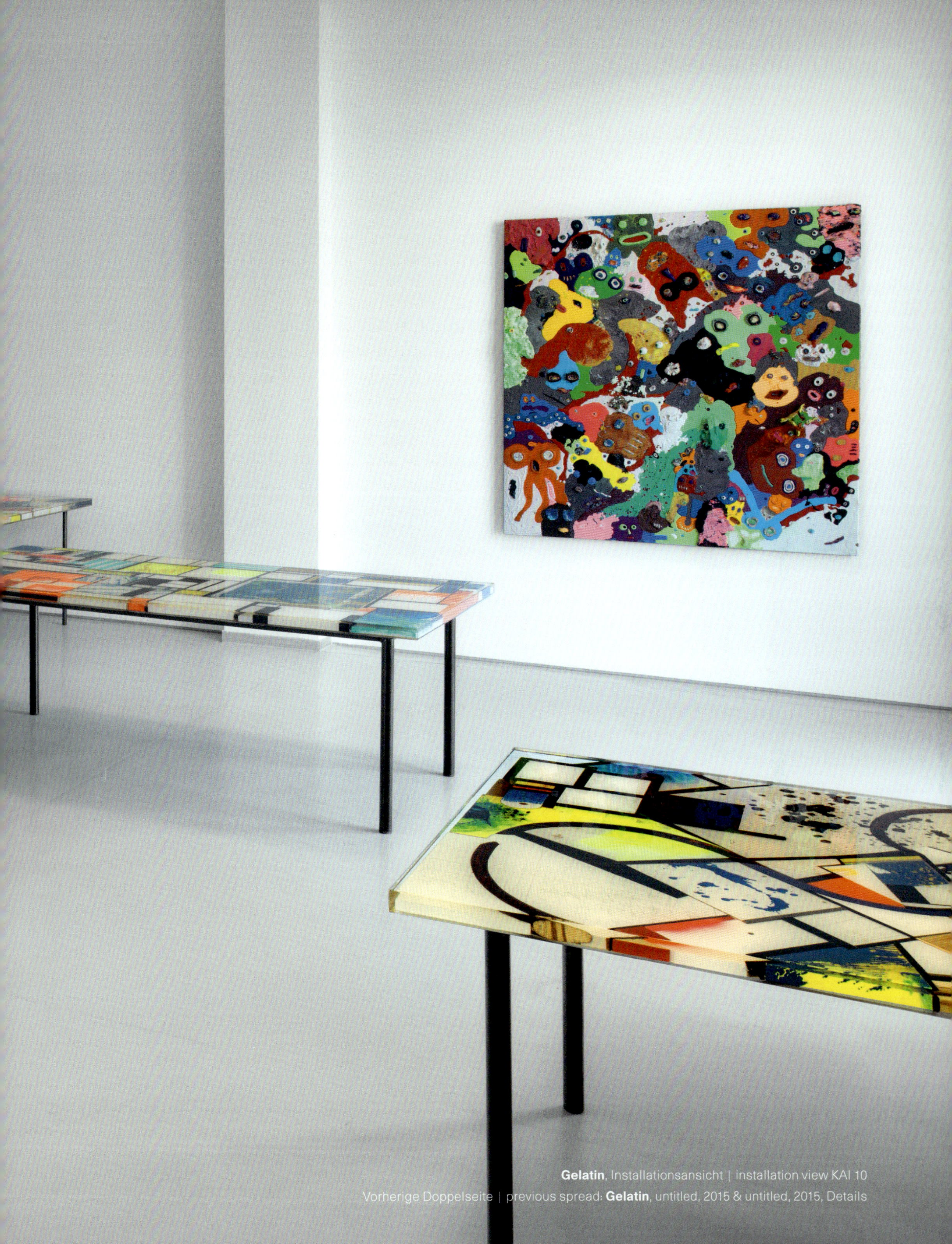

Gelatin, Installationsansicht | installation view KAI 10

Vorherige Doppelseite | previous spread: **Gelatin**, untitled, 2015 & untitled, 2015, Details

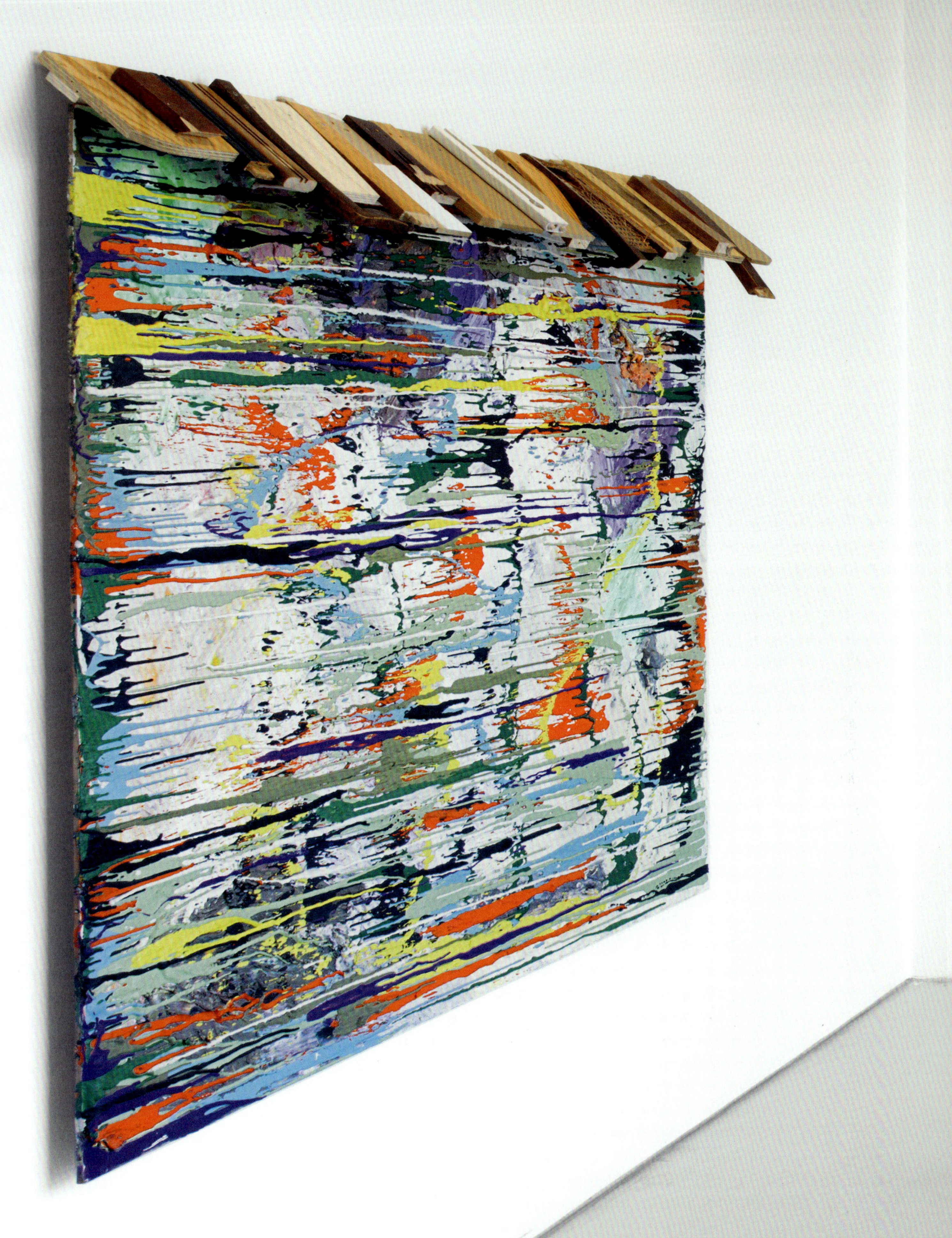

Endlose Performance oder Von den Folgen eines Kinderspiels

Zdenek Felix

Sucht man nach den Biografien der vierköpfigen Wiener Gruppe Gelatin, findet man in verschiedenen Quellen eine Reihe unterschiedlicher Angaben. Die wohl lapidarste Information enthält der Katalog zur Ausstellung *Sarah Lucas – Hieronymus Bosch – Gelatin*, die 2012 in der Kunsthalle Krems stattfand. Man erfährt hier, dass „das österreichische Künstlerkollektiv Gelatin aus Wolfgang Gantner (geb. 1968), Ali Janka (geb. 1970), Florian Reither (geb. 1970) und Tobias Urban (geb. 1971) besteht. Sie trafen sich 1978 als Kinder in einem Sommercamp. Seit damals spielen und arbeiten sie zusammen. Um 1993 wurden sie eine professionelle Künstlergruppe."[1] Das Bemerkenswerte an dieser Notiz liegt in der Akzentuierung des Spielerischen, dem hier eine initiatorische Bedeutung beigemessen wird. Aus dem Kinderspiel im Sommercamp entwickelte sich allmählich ein Spiel mit der Kunst. Und weil Kinderspiele am besten im Kollektiv gedeihen, verhält es sich auch bei Gelatin nicht anders. Jedenfalls wurde der spielerische Ideenreichtum aus der Jugendzeit zur Quelle einer kaum zu bändigenden Inspiration der Erwachsenen, wie auch die vielfältigen Ansätze der 1998 beginnenden Performances der Gruppe beweisen.

Dass im freien Spiel ein kreativer Impuls liegt, wusste bereits der niederländische Kulturhistoriker Johan Huizinga. In seinem berühmten, 1938 zum ersten Mal erschienenen Buch *Homo ludens* formulierte er den Gedanken, dass „der Kultur in ihren ursprünglichen Phasen etwas Spielmäßiges eigen ist, dass sie in den Formen und der Stimmung eines Spiels aufgeführt wird".[2] Für Huizinga ist der Mensch grundsätzlich ein den unzähligen Spielarten verbundenes Wesen, dessen Leidenschaft und Lust am Spielen insofern positive Folgen zeigen können, als sie seiner Imagination freie Bahn lassen und diesen Anstoß in Kreativität umsetzten können. Daraus folgert Huizinga, dass sich Kultur und damit auch Kunst, nicht aus dem Spiel entwickeln, sondern in Gestalt von Spiel entstehen, dass sie „anfänglich gespielt werden".[3] Dieser feine aber wichtige Unterschied führt – im Falle von Gelatin – zu der Feststellung, dass deren Kinderspiele im Sommercamp offensichtlich bereits ein Kultur-Nukleus waren, der eben im Spiel weiterentwickelt wurde.

Der Homo ludens (spielender Mensch) liebt das Experiment und geht gerne Risiken ein, er wagt sich in Bereiche, die ihm bis dahin unzugänglich waren, um seinen Spieltrieb zu befriedigen. Damit berührt dieser Trieb weitgehende sozio-kulturelle, aber auch physiologische Zusammenhänge. Um bei Huizinga zu bleiben: „Die Intensität des Spiels wird durch keine biologische Analyse erklärt [...]. Die Natur hätte doch alle die nützlichen Funktionen wie Entladung überschüssiger Energie, Entspannung und Kraftanstrengung [...] ihren Kindern auch in der Form rein mechanischer Übungen und Reaktionen mit auf den Weg geben können. Aber sie gab uns gerade eben das Spiel mit seiner Spannung, seiner Freude, seinem Spaß."[4]

Gerade diesen Aspekt legen uns die performativen Aktivitäten der Gruppe Gelatin nahe. In der Geschichte dieser Gattung, wie sie mit den dadaistischen Auftritten im Zürcher Cabaret Voltaire 1916 ihren Anfang nahm, gibt es viele Arten und Formen von Performances: Neben den spontanen existieren die geplanten Aktionen, neben den kollektiven, einer Regie unterstellten Auftritten die individuelle Body Art, neben dem anarchistischen Fluxus die das Leben mit der Kunst verbindendenHappenings. Auch in der Genealogie der österreichischen Aktionskunst seit Günter Brus und Otto Mühl findet man zu diesem Thema zahlreiche, notorisch bekannte Beispiele. Die öffentlichen Auftritte der Gruppe Gelatin knüpfen in vielerlei Hinsicht an diese Genealogie an, zitieren daraus und setzen sich wiederum vielfältig von ihr ab, um die eigene kollektive Libido zu pflegen. Das Spielerische und Lustvolle verbindet sich bei ihnen unmittelbar mit dem Hang zum Absurden als einem Prinzip, das die Künstler kultivieren und als Sprungbrett für ihre Aktivitäten benutzen. Ihre „Material-Performances" entstehen in der Regel prozesshaft aus einer örtlich vorgegebenen Situation heraus und entwickeln sich unter Beteiligung der Zuschauer zu komplexen, nicht selten begehbaren Gebilden, die an Labyrinthe erinnern. Zu Beginn der Aktionen lassen sich die Resultate wie auch die Reaktionen des Publikums nicht voraussagen. Und weil Gelatin nichts, aber auch gar nichts auslässt, zeitweilig mit eigenen Ausscheidungen und dem Unterleib reichlich agiert, können die Reaktionen witzig, aber auch sehr kontrovers sein. Schweineblut wird dabei jedenfalls nicht vergossen und auch das Wühlen in Tierkadavern, wie bei den Wiener Aktionisten beliebt, sucht man bei Gelatin vergeblich. Vielmehr geht es hier um die Parodie derartiger Darbietungen, deren ehemals provokative und skandalöse Wirkung Geschichte geworden ist.

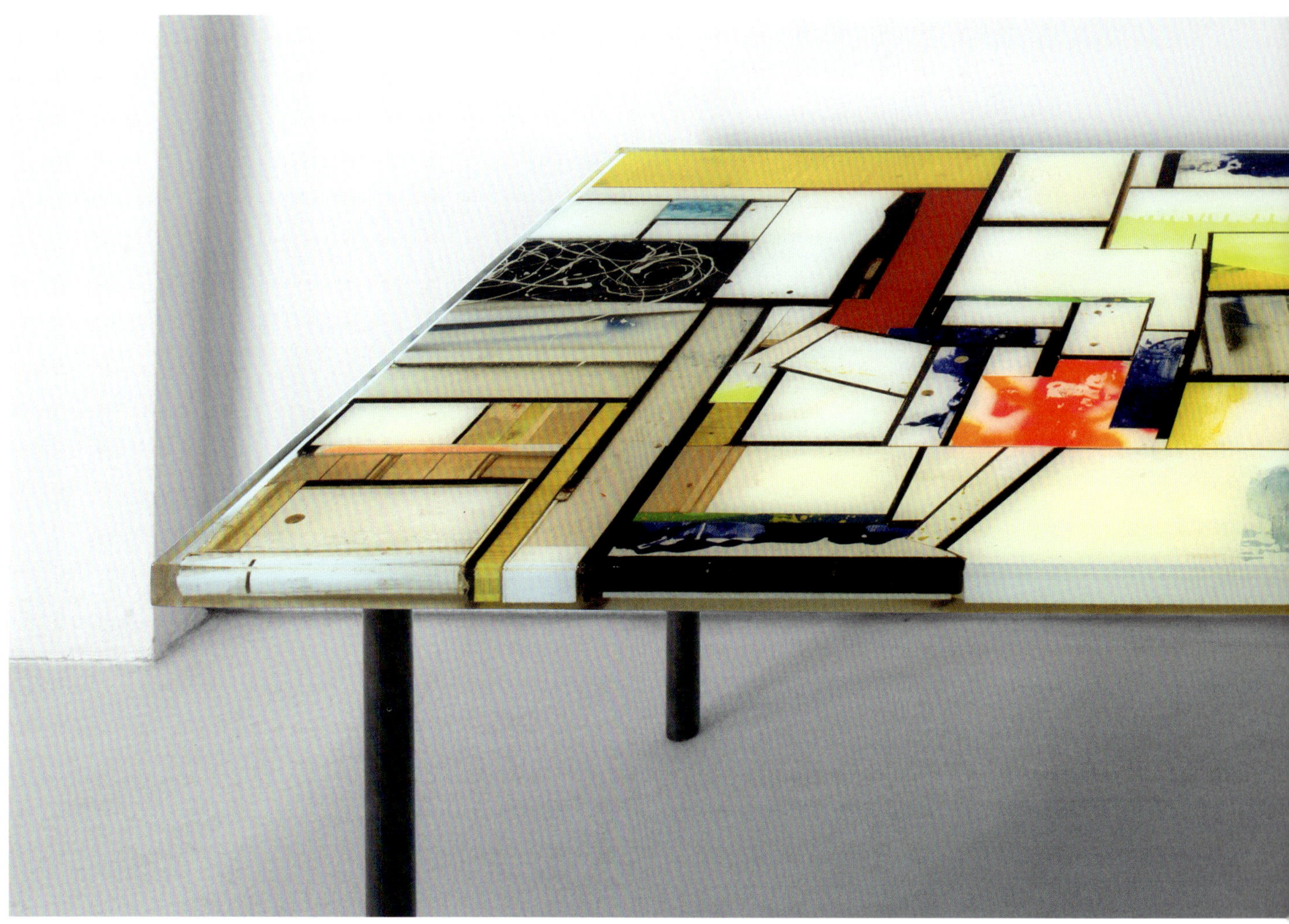

Die Aktionen von Gelatin lassen sich ohne den großen Materialeinsatz, der für die Realisierung ihrer temporären Bauten, Außenskulpturen und Labyrinthe bezeichnend ist, nicht denken. Aufbau und Destruktion halten sich dabei die Waage. Materialreste werden aufbewahrt und dienen als Elemente späterer dreidimensionaler Artefakte. Wer sich im Wiener Studio der Gruppe umsieht, weiß, welche Mengen unterschiedlicher Objekte, Fundstücke aller Art, Teile von Möbeln, Bilderrahmen, Holzlatten und Überreste früherer Kunstvorhaben hier gelagert sind. Daraus entstehen nach Bedarf neue Objekte, bezeichnenderweise Möbel, die in ihrer Produktion seit Langem eine bedeutende Rolle spielen. Aus diversen Materialabfällen, nicht zuletzt aus Thonetstühlen, sind jene wunderbaren „Tische" entstanden, die in der Ausstellung in KAI 10 ihre Premiere feiern. Mit Metallbeinen zu Tischen umfunktioniert, dienen die flach angeordneten Hölzer als Bausteine der farbig-intensiven „Materialcollagen", in denen die Goldleisten aus ausrangierten Bilderrahmen auffällige Akzente setzen. Die Holzreste sind so geordnet, dass Arrangements entstehen, die an die „klassischen Kompositionen" von Wassily Kandinsky, Piet Mondrian oder Theo van Doesburg erinnern. Schließlich werden die Auflagen ganzflächig in Kunstharz gegossen, sodass geglättete, vereinheitlichte Oberflächen entstehen. Die Holzreste mutieren zu Bildern, die Bilder zu Möbeln. Gemeinsam mit den charakteristischen „plasticine paintings", in denen skurrile Masken, seltsame Fratzen und aberwitzige Dämonen à la Hieronymus Bosch auftauchen, ist ein unnachahmliches „Museum der Paradoxa" entstanden. Die Paraphrase eines Shunga-Blattes von Katsushika Hokusai liefert dazu die unerlässliche Prise Erotik. Wie Werner Hofmann schrieb: „Heterogenes wird gemischt, entweder sublimiert oder parodistisch verfremdet. Dabei kommt es fortwährend zu Berührungen mit den großen Traditionen der populären Kulturen, mit den Karnevalsbräuchen und der verkehrten Welt, den Narren- und Eselsfesten [... .]"[5] Gelatin kehrt subversiv zu dem Spielerischen der eigenen Anfänge zurück.

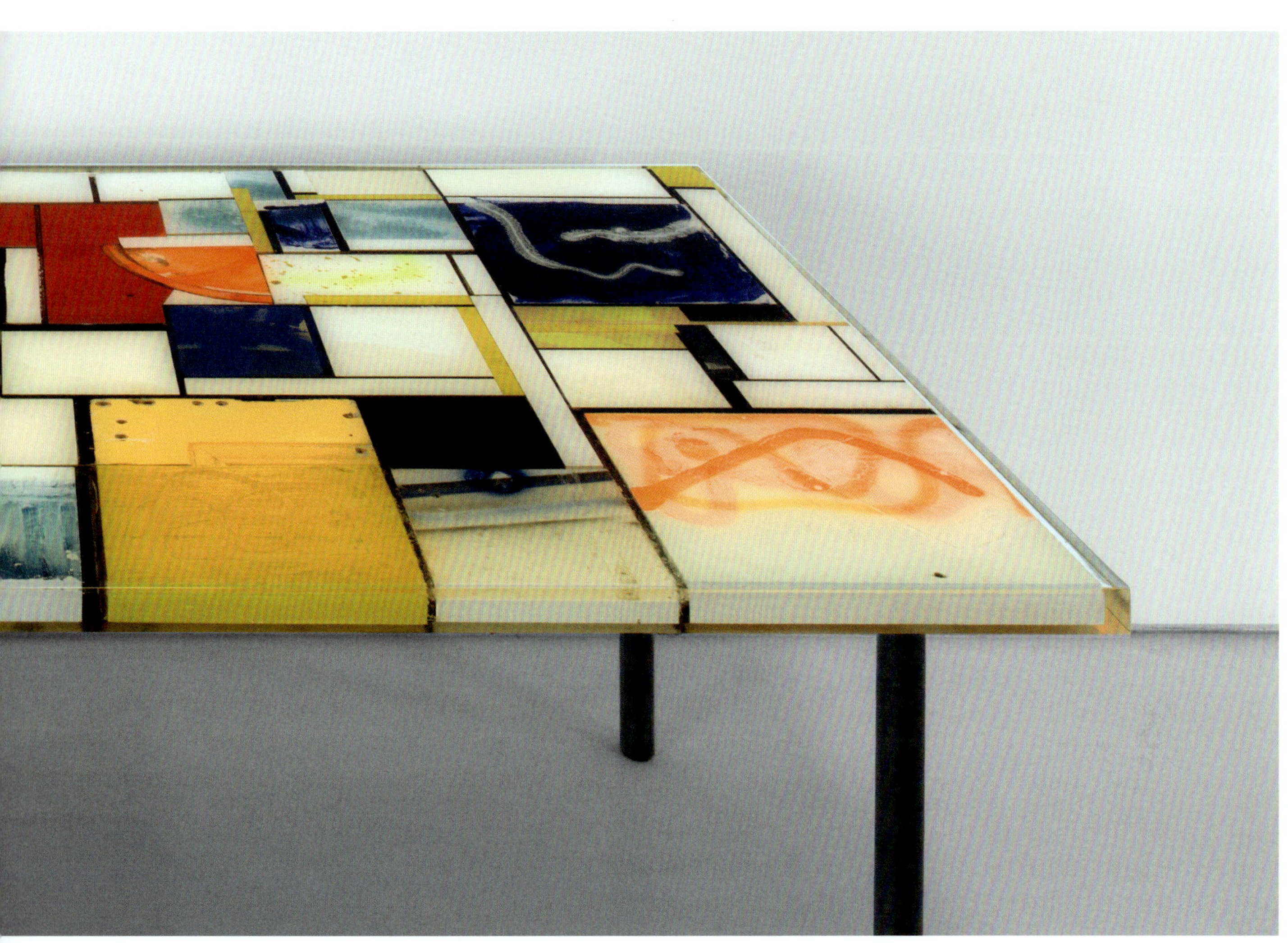

[1] Ausst.-Kat. *Sarah Lucas – Hieronymus Bosch – Gelatin,* Kunsthalle Krems, Hans-Peter Wipplinger (Hrsg.), Köln 2011, S. 153.

[2] Johan Huizinga, *Homo ludens. Vom Ursprung der Kultur im Spiel,* Hamburg 2015, S. 57.

[3] Ebd., S. 11.

[4] Ebd.

[5] Werner Hofmann, *Ein Bett ist groß genug für alle,* in: Ausst.-Kat. Kunsthalle Krems, 2011, S. 83.

Gelatin, untitled, 2015
Vorherige Doppelseite links | previous spread left: **Gelatin**, untitled, 2014

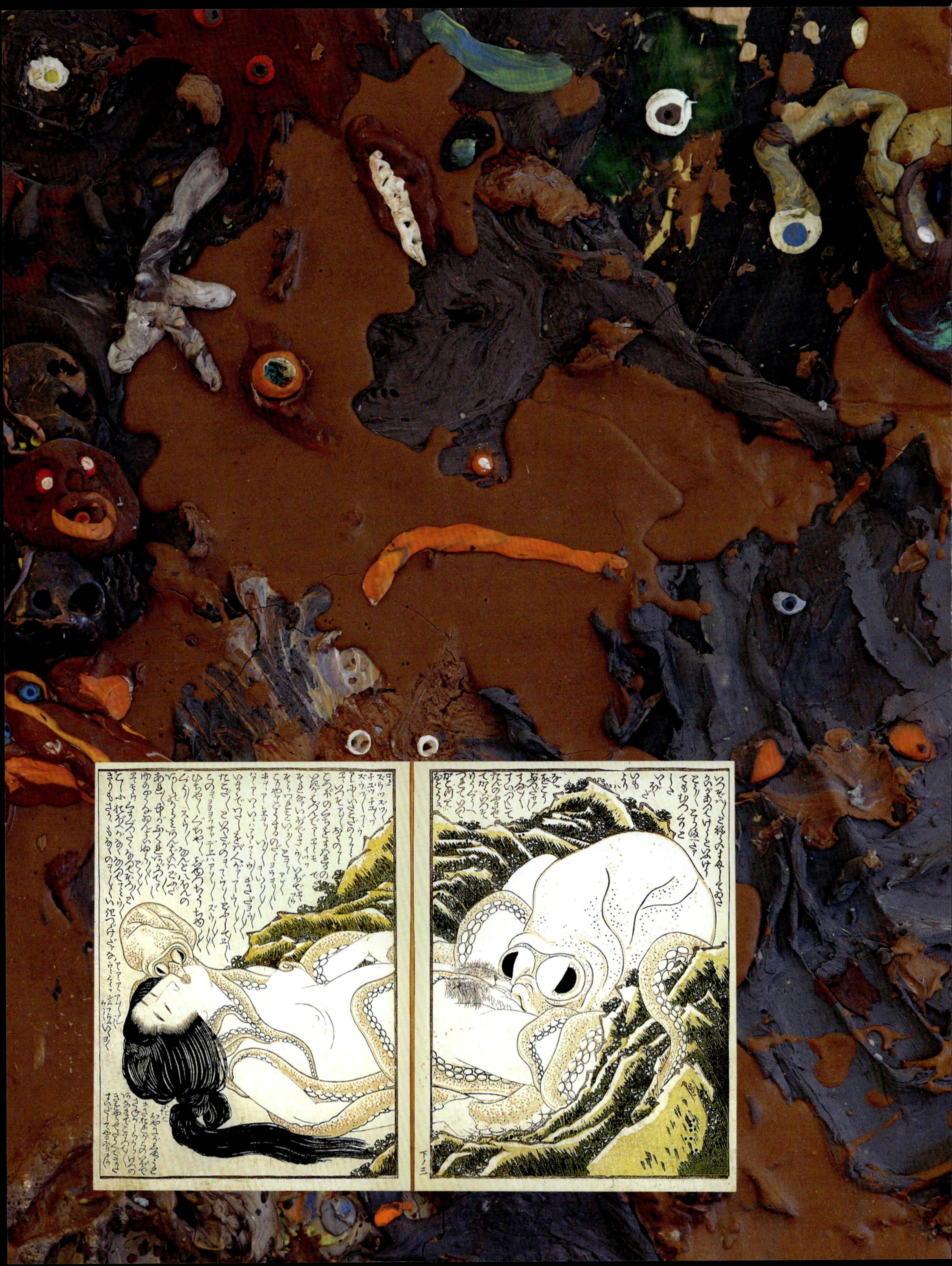

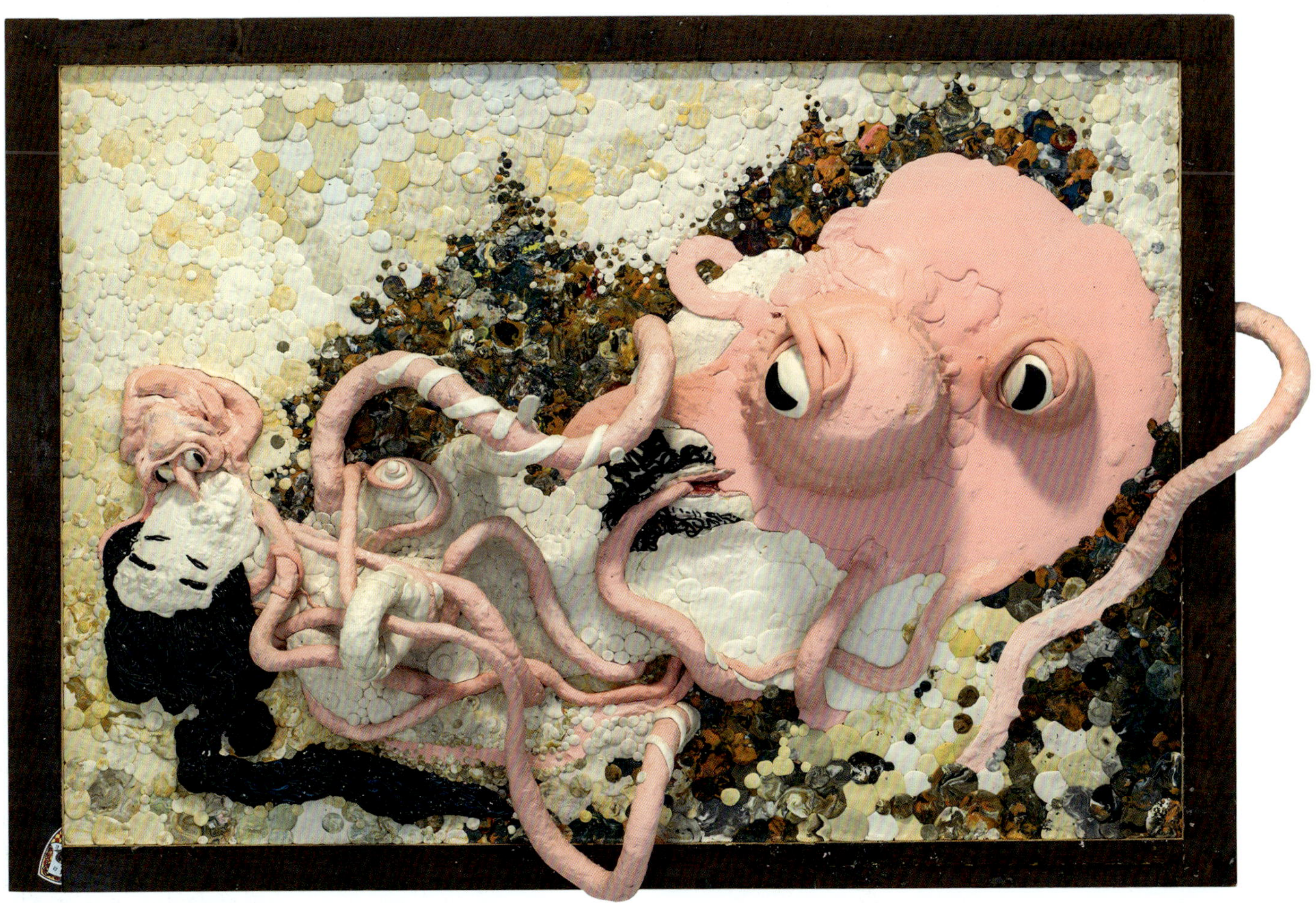

Never-ending Performance or On the Consequences of Child's Play
Zdenek Felix

When looking for the biographies of the four-member group Gelatin from Vienna, various sources provide a number of different statements. The presumably most lapidary information is contained in the catalogue of the exhibition *Sarah Lucas – Hieronymus Bosch – Gelatin*, which took place at the Kunsthalle Krems in 2012. Here one learns that the "Austrian artist collective Gelatin comprises Wolfgang Gantner (b. 1968), Ali Janka (b. 1970), Florian Reither (b. 1970) and Tobias Urban (b. 1971). They met as children at a summer camp in 1978. Since then, they have played and worked together. Around 1993 they became a professional artist group."[1] What is quite remarkable about this note is how it accentuates playfulness, to which it herein ascribes an initiatory relevance. From the child's play at summer camp gradually evolved a play with art. And since child's play best flourishes in a collective, this can also be observed with the group Gelatin. The playful inventiveness of youth, at any rate, became the source of an almost untamable inspiration for the adults, as manifested in the group's manifold approaches to performance, beginning in 1998.

Already the Dutch cultural historian Johan Huizinga knew that in free play there lies a creative impulse. In his famous book *Homo ludens*, first published in 1938, he formulated the thought that "in its earliest phases culture has the play-character, that it proceeds in the shape and the mood of play."[2] For Huizinga man is essentially a being with strong ties to the multiple play-forms, whose passion for and pleasure in playing can generate positive effects in the sense that they allow imagination to flow freely, and can transform this impulse into creativity. From this Huizinga concludes that culture, and thus art, do not develop from play but originate as a form of play, that they themselves "bear[s] the character of play".[3] This subtle but significant difference — in the case of Gelatin — leads to the observation that their child's play at summer camp evidently was already a nucleus of culture, which in the course of play has simply been further developed.

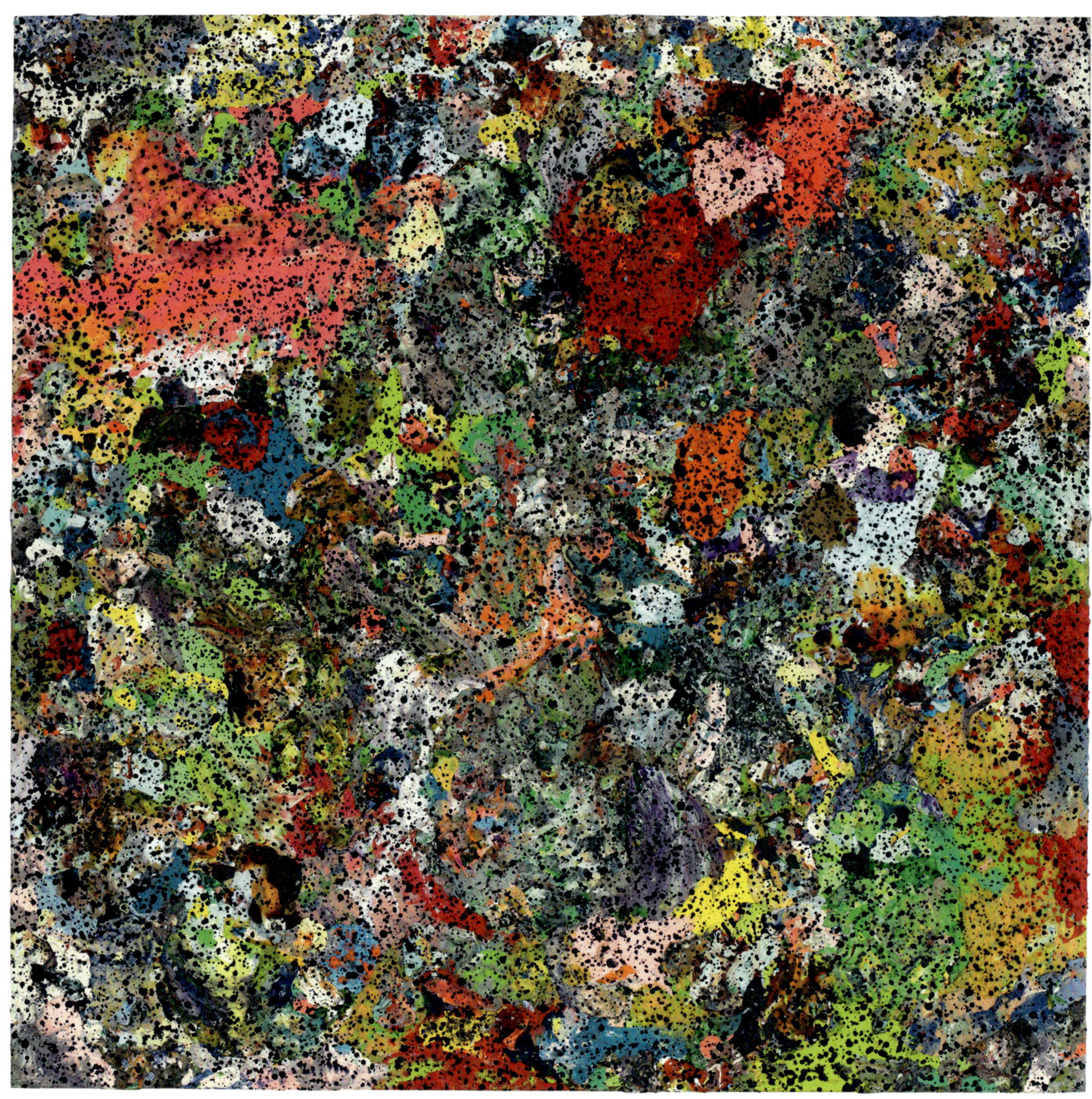

Gelatin, untitled, 2014

Vorherige Doppelseite, links | previous spread, left: **Gelatin**, untitled, 2015, Detail &

Katsushika Hokusai, Der Traum der Fischersfrau, 1814

Vorherige Doppelseite, rechts | previous spread, right: **Gelatin**, untitled, 2009

Folgende Seite | following page: **Gelatin**, untitled, 2008

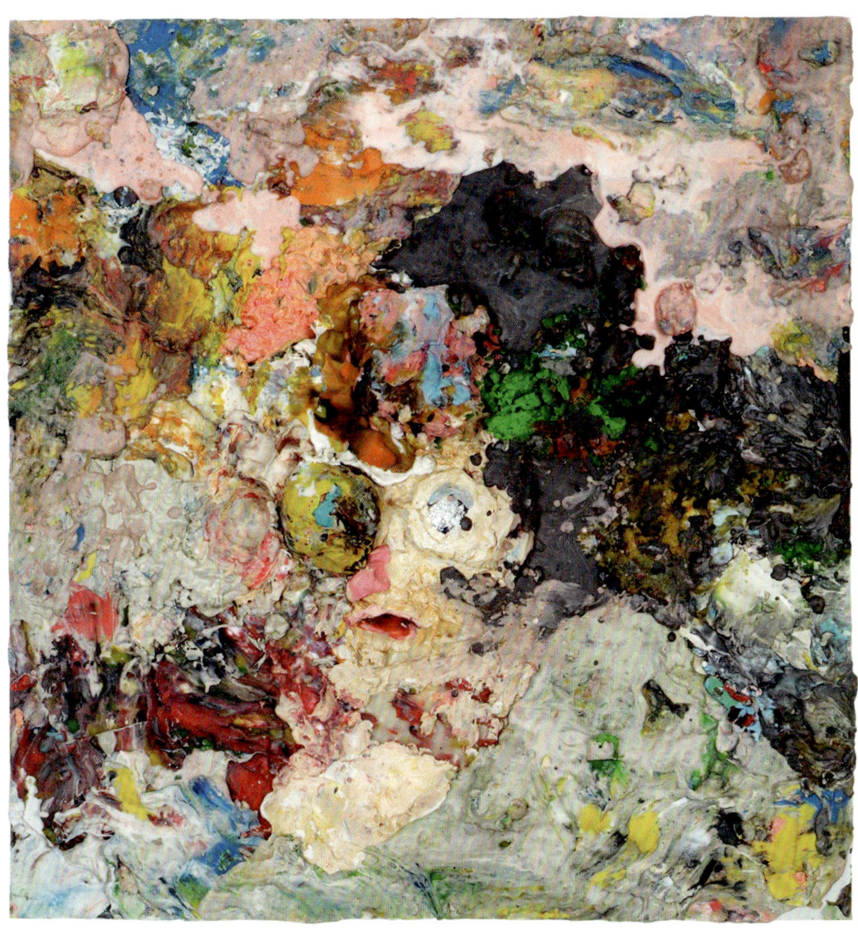

The "Homo ludens" (Man the player) loves to experiment and to take risks; he dares to access previously inaccessible realms in order to satisfy his play instinct. This instinct therefore touches upon extensive socio-cultural but also physiological contexts. To stay with Huizinga: "This intensity of, and absorption in, play finds no explanation in biological analysis. [...] Nature, so our reasoning mind tells us, could just as easily have given her children all those useful functions of discharging superabundant energy, of relaxing after exertion, [...] in the form of purely mechanical exercises and reactions. But no, she gave us play, with its tension, its mirth, and its fun."[4]

Particularly this aspect is suggested in the performative activities of the group Gelatin. In the history of this genre, beginning with the Dadaist performances at the Zurich Cabaret Voltaire in 1916, there are many kinds and forms of performances: Beside the spontaneous there exist the planned actions; beside the collective appearances under direction, the individual Body Art; beside the anarchist Fluxus, the Happenings connecting life and art. In the genealogy of the Austrian Action Art since Günter Brus and Otto Mühl, one also finds numerous, notoriously known examples. The public appearances of the group Gelatin in many respects build on this genealogy, quote from it, and then again set themselves apart from it in various situations in order to nurture their own collective libido. The playful and pleasurable elements of their work are directly linked with a penchant for the absurd as a principle, which the artists cultivate and use as a steppingstone for their activities. Their "material performances" generally are created in progress. Corresponding to a given site and situation and involving the participation of the audience, they develop into complex, quite often accessible structures, recalling labyrinths. At the beginning of the actions, neither the results nor the reactions of the audience can be predicted. And because Gelatin indeed does not spare them anything at all, occasionally operating copiously with their own excrements and their lower abdomen, reactions may range from amused to controversial. Pig's blood is, in any case, not spilled and wallowing in animal cadavers, as was popular with the Viennese Actionists, one searches for in vain with Gelatin. Their approach is rather about the parody of such presentations, whose formerly provocative and scandalizing effect has become history.

Gelatin's actions are inconceivable without the large amounts of materials employed, a distinctive feature in the realization of their temporary structures, outdoor sculptures and labyrinths. In the process, construction and destruction are held in balance. Material remnants are kept to serve as components of later three-dimensional artifacts. Looking around in the group's studio in Vienna, one becomes aware of just how many different objects, all sorts of finds, furniture parts, picture frames, wooden laths and scraps of earlier artistic undertakings are being stored here. As needed, these remainders will result in new objects, typically pieces of furniture, which have played a significant role in the artists' production for a long time. Made up of diverse material scraps, not least from Thonet chairs, precisely those wonderful tables were created that celebrated their premiere at the exhibition at KAI 10. The pieces of wood, laid out flat and furnished with metal legs, serve as building blocks of the intensely colorful "material collages", in which the golden bars from once discarded picture frames set striking accents. The wooden scraps have been structured to form arrangements reminiscent of the "classical compositions" of Wassily Kandinsky, Piet Mondrian or Theo van Doesburg. Finally the toppings are entirely cast in synthetic resin, creating smooth, uniform surfaces. The wooden scraps mutate into images, the images into furniture. Together with the characteristic "plasticine paintings", in which bizarre masks, strange grimaces and ludicrous demons à la Hieronymous Bosch appear, an unmistakable "museum of paradoxes" has been established. The paraphrase of a Shunga leaf by Katsushika Hokusai procures the obligatory hint of eroticism. As Werner Hofmann wrote: "heterogeneous materials are mixed, either sublimated or parodistically alienated. In the process, Gelatin constantly touch on the big traditions of popular culture, the customs of carnival and the inverted world, the fools' and asses' festivals [...]."[5] Gelatin subversively returns to play-elements of their own beginnings.

[1] Exh. cat. *Sarah Lucas – Hieronymus Bosch – Gelatin,* Hans-Peter Wipplinger (ed.), Kunsthalle Krems, Cologne 2011, p. 153.

[2] Johan Huizinga, *Homo ludens. A Study of the Play-Element in Culture,* London 1950, p. 46.

[3] Ibid., p. 40.

[4] Ibid., pp. 2–3.

[5] Werner Hofmann, *A Bed Is Big Enough for Everyone,* in: Exh. cat. Kunsthalle Krems, 2011, p. 144.

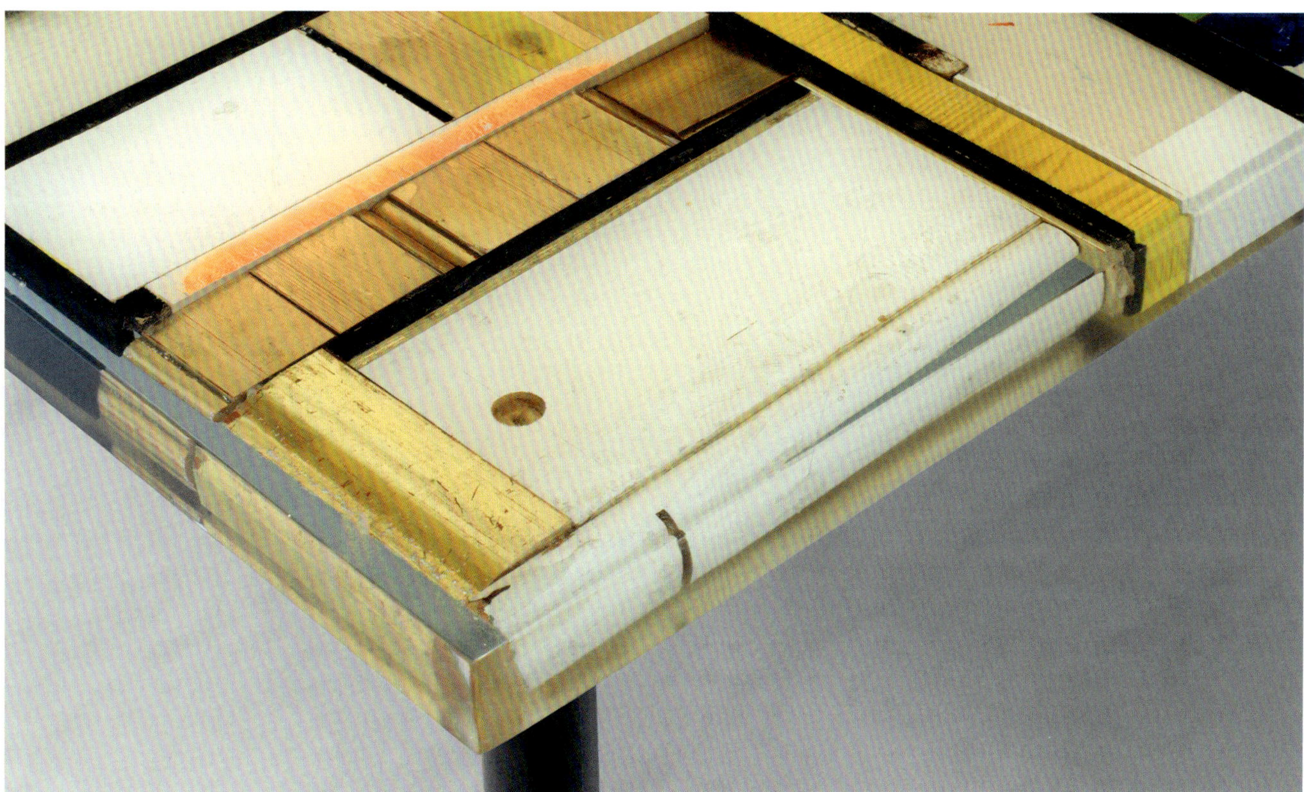

Gelatin, untitled, 2015, Detail

Folgende Seiten | following pages: **Gelatin**, Installationsansichten | installation views KAI 10

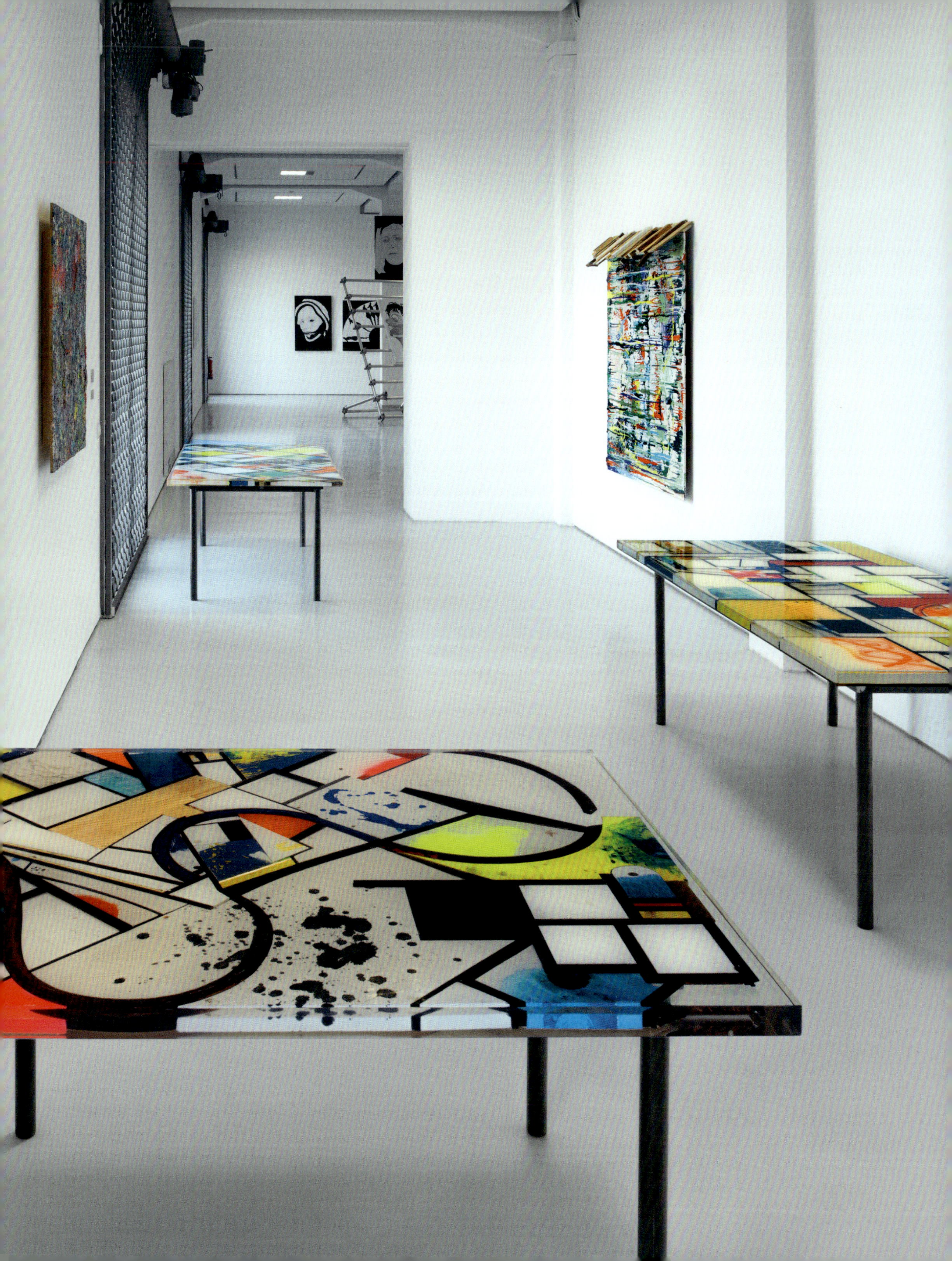

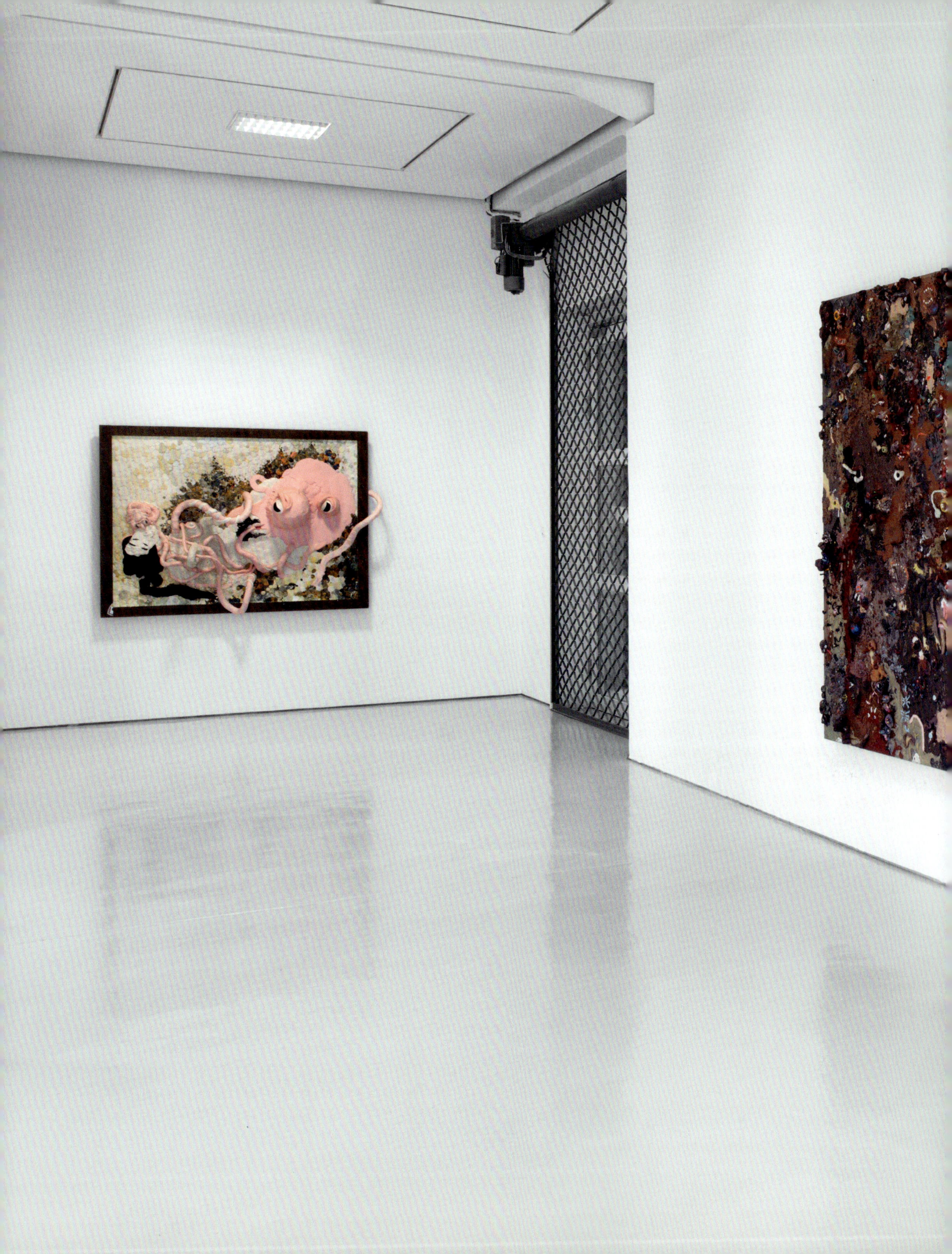

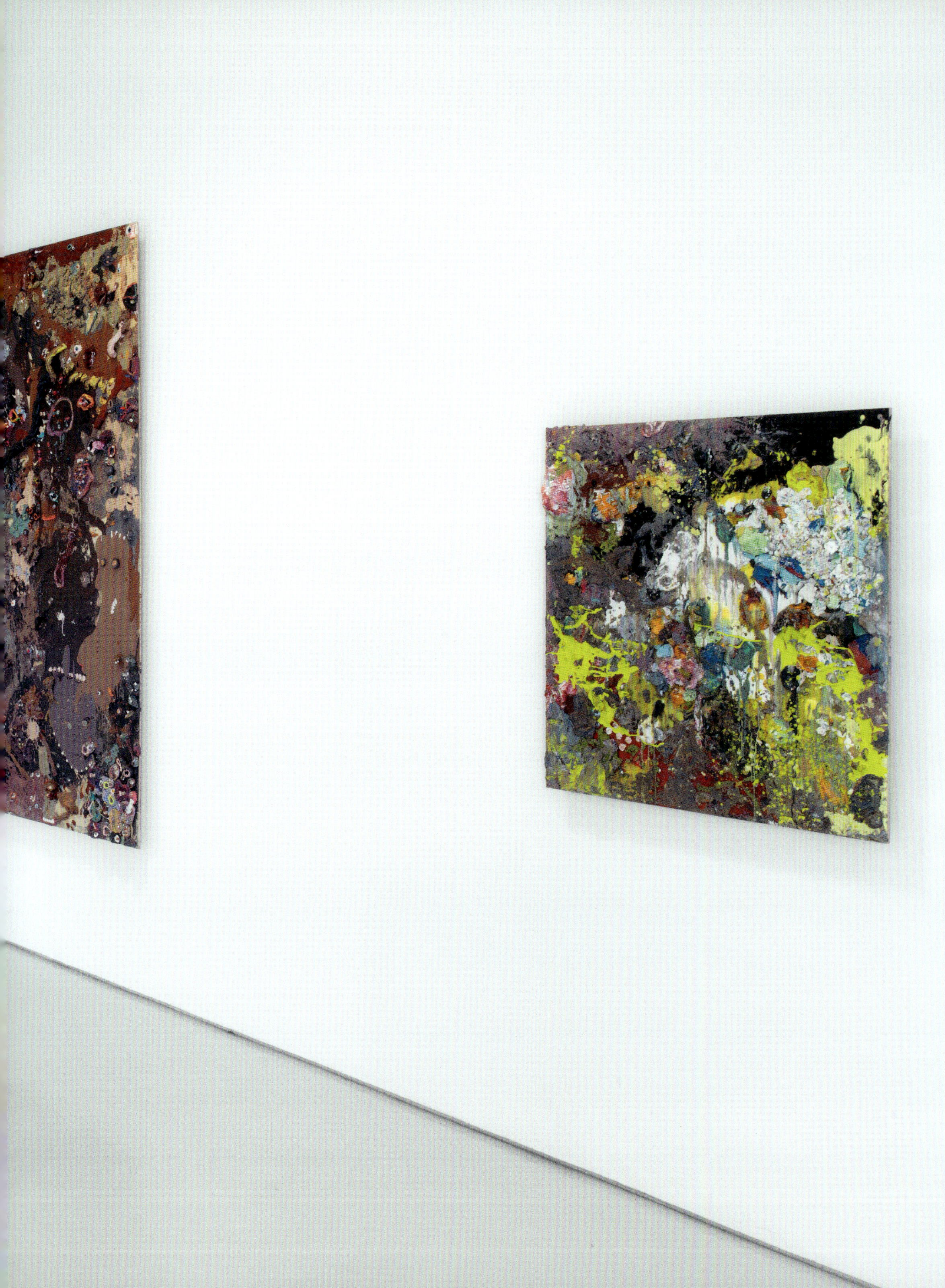

Werkliste | List of Works

Franz Graf

S. | pp. 12/13, 69
SIEheWASDICHSIEHET, 2009
111 x 151 cm
Graphit und Tusche auf Leinwand |
graphite and ink on canvas
Galerie Krinzinger, Wien | Vienna

S. | p. 17
givememylifeback, 1990–2015
12 Zeichnungen; je 73 x 53 cm (gerahmt | framed)
Graphit auf Transparentpapier |
graphite on tracing paper
Der Künstler | the artist

Umschlag | cover, S. | pp. 14/15, 18, 28
WWROng floorr, 2010
160 x 230 cm
Graphit und Tusche auf Leinwand |
graphite and ink on canvas
Galerie Krinzinger, Wien | Vienna

S. | p. 16
MATER, 2010
62,5 x 52,5 cm (gerahmt | framed)
Graphit auf Transparentpapier |
graphite on tracing paper
Der Künstler | the artist

S. | pp. 14/15, 28/29
PURGA „WALL 2011", 2011
231 x 330 cm
Graphit und Tusche auf Leinwand |
graphite and ink on canvas
Galerie Krinzinger, Wien | Vienna

S. | p. 17
Woman 16, 2011
73 x 53 cm (gerahmt | framed)
Bleistift auf Transparentpapier |
pencil on tracing paper
Büro Weltausstellung, Wiener Art Foundation

S. | p. 17
Woman 7, 2012
73 x 53 cm (gerahmt | framed)
Bleistift auf Transparentpapier |
pencil on tracing paper
Büro Weltausstellung, Wiener Art Foundation

S. | p. 17
Woman 8, 2012
73 x 53 cm (gerahmt | framed)
Bleistift auf Transparentpapier |
pencil on tracing paper
Büro Weltausstellung, Wiener Art Foundation

o. T., 2013
122,5 x 62,5 cm (gerahmt | framed)
Graphit auf Transparentpapier |
graphite on tracing paper
Der Künstler | the artist

S. | p. 17
o. T., 2013
53 x 42,5 cm (gerahmt | framed)
Graphit auf Transparentpapier |
graphite on tracing paper
Privatbesitz | private collection

S. | pp. 20/21
Memorias Postumas, 2013
160 x 300 cm
Graphit, Permanentmarker und Tusche auf Leinwand | graphite, permanent marker and ink on canvas
Privatsammlung | private collection

S. | pp. 14, 19, 24
Ring, 2013–2014
110 x 160 cm
Graphit und Tusche auf Leinwand |
graphite and ink on canvas
Privatsammlung | private collection

S. | pp. 14, 22, 25
MAHRgRETA 2, 2013–2014
150 x 110 cm
Graphit und Tusche auf Leinwand |
graphite and ink on canvas
Galerie Krinzinger, Wien | Vienna

S. | p. 7
SIYDE, 2014
120 x 80 cm
Graphit und Tusche auf Leinwand |
graphite and ink on canvas
Der Künstler | the artist

S. | p. 25
IRREEENN, 2014
120 x 80 cm
Graphit und Tusche auf Leinwand |
graphite and ink on canvas
Der Künstler | the artist

S. | p. 25
MAD ON, 2014
120 x 80 cm
Graphit und Tusche auf Leinwand |
graphite and ink on canvas
Der Künstler | the artist

S. | p. 25
CLOUD, 2014
120 x 80 cm
Graphit und Tusche auf Leinwand |
graphite and ink on canvas
Der Künstler | the artist

S. | p. 27
RIGTHFACCC, 2014
120 x 80 cm
Graphit und Tusche auf Leinwand |
graphite and ink on canvas
Der Künstler | the artist

S. | p. 16
o. T., 2014
73 x 52,5 cm (gerahmt | framed)
Graphit auf Transparentpapier |
graphite on tracing paper
Der Künstler | the artist

Woman 20, 2014
64 x 83 cm (gerahmt | framed)
Bleistift auf Transparentpapier |
pencil on tracing paper
Büro Weltausstellung, Wiener Art Foundation

S. | pp. 14, 25
ENTRY, 2014–2015
120 x 80 cm
Graphit und Tusche auf Leinwand |
graphite and ink on canvas
Der Künstler | the artist

willyouloveme, 2015
120 x 80 cm
Graphit und Tusche auf Leinwand |
graphite and ink on canvas
Der Künstler | the artist

Markus Schinwald

S. | pp. 37, 42
Rudolf, 2004
90 x 60 cm
Iris Print und Pigment | iris print and pigment
Slg. Wilhelm Otto Nachf.

S. | pp. 37, 39
Ludwig, 2004
90 x 60 cm
Iris Print und Pigment | iris print and pigment
Slg. Wilhelm Otto Nachf.

S. | pp. 32, 34
1st Part Conditional, 2004
3 min.
Video, Ton, DVD | video, sound, DVD
Slg. Wilhelm Otto Nachf.

S. | pp. 34, 35
Contortionists (Daniela), 2005
99,4 x 160 cm
Lambda-Print auf Aluminium |
lambda-print on aluminum
Slg. Wilhelm Otto Nachf.

S. | pp. 4, 30/31, 34, 37, 43
Solange, 2005
149 x 100 x 81 cm
Marionette, Schaukel und Kleider |
marionette, swing, clothes
Slg. Wilhelm Otto Nachf.

S. | pp. 36, 47
Curvings, 2006
Sockel | pedestal 14 x 15,5 x 23 cm
Vitrine | display case 110 x 40 x 40 cm
Damenschuhe auf Sockel in Acrylkasten |
women's shoes on pedestal in display case
Slg. Wilhelm Otto Nachf.

S. | pp. 4, 36, 43
Bertram, 2007
98 x 68 cm (gerahmt | framed)
Iris Print und Pigment | iris print and pigment
Slg. Wilhelm Otto Nachf.

S. | pp. 33, 36, 43
Saul, 2009
100 x 70 cm (gerahmt | framed)
Iris Print und Pigment | iris print and pigment
Slg. Wilhelm Otto Nachf.

S. | pp. 38/39, 40, 46
Walton, 2015
66 x 53,5 cm (gerahmt | framed)
Öl auf Leinwand | oil on canvas
Privatsammlung | private collection

S. | pp. 45, 47
Margo, 2015
61 x 50,5 cm (gerahmt | framed)
Öl auf Leinwand | oil on canvas
Privatsammlung | private collection

Gelatin

Alle Werke | all works:
Galerie Meyer Kainer, Wien | Vienna

S. | pp. 50, 59
untitled, 2008
59 x 54,5 x 8 cm
Plastilin auf Holz | plasticine on wood

S. | pp. 57, 62
untitled, 2009
141 x 208 x 29,5 cm
Plastilin auf Holz | plasticine on wood

S. | pp. 7, 63, 68
untitled, 2011
88,5 x 86 x 8 cm
Plastilin auf Holz | plasticine on wood

S. | pp. 7, 56, 62/63, 68
untitled, 2012
207 x 250 x 13 cm
Plastilin auf Holz | plasticine on wood

S. | pp. 58, 61
untitled, 2014
103,5 x 103,5 x 6 cm
Plastilin auf Holz | plasticine on wood

S. | pp. 52, 61
untitled, 2014
168 x 160 x 31 cm
Plastilin auf Holz | plasticine on wood

S. | pp. 48, 51
untitled, 2015
159 x 155 x 11 cm
Plastilin auf Holz | plasticine on wood

S. | p.51
untitled, 2015
116 x 76 x 73 cm
Diverse Materialien | mixed media

S. | pp. 48/49, 50, 54/55, 60, 61
untitled, 2015
203 x 101 x 73 cm
Diverse Materialien | mixed media

S. | p. 51
untitled, 2015
208 x 105 x 73 cm
Diverse Materialien | mixed media

S. | pp. 51, 61
untitled, 2015
104 x 134,7 x 72,6 cm
Diverse Materialien | mixed media

S. | p. 61
untitled, 2015
210,5 x 102,7 x 73,5 cm
Diverse Materialien | mixed media

Begleitprogramm | Program of Events

Filmscreening mit Werken von Gelatin, Franz Graf und Markus Schinwald.
Film screening with works by Gelatin, Franz Graf and Markus Schinwald.
12.11.2015, 19 Uhr | 7 pm

Markus Schinwald
Children's Crusades, 2004, 2:33 Min.; *Diarios (to you)*, 2003, 7:21 Min.; *Orient A*, 2011, 3:40 Min.;
Orient B, 2011, 5:13 Min.; *Ten in Love*, 2006, 6:45 Min.
(Alle Werke | all works courtesy Markus Schinwald)

Franz Graf
ggrafDOWN. A Film by Franz Graf, 2005, 58 Min.
(Courtesy Franz Graf)

Gelatin
Otto Volante, 2004, 1:31 min.; *Penguin Fiction*, 1997, 5:34 Min.; *Matrosen Triologie*, 1997, 3:50 Min.;
Körperkult. Kulturkörper, 1998, 5:04 Min.; *Die Schlotze*, 2003, 8:19 Min.; *ABC you and me*, 2005, 2:14 Min.;
B is for bears, 1998, 15:42 Min.
(Alle Werke | all works courtesy Gelatin)

Performance von Gelatin im Künstlerverein Malkasten, Düsseldorf.
Performance by Gelatin at the Künstlerverein Malkasten, Düsseldorf.
19.1.2016, 19 Uhr | 7 pm

SCHLUPFLOCH DÜSSILISMUS. Gelatin mit den Deutschen Riesen
Sieben Vortragende, ein Düssilismus
Vierzig Minuten, Dreihundertsieben +
Neueninhalb Kilo
Sechshundertsiebenundzwanzig Thesen,
zwei Kanon
Ein Chor, drei Gegenkanon, fünf Liter
Vier Einserkombos, vier Dreierkombos
Sechs Zweierkombos, ein Gelatin

LOOPHOLE DÜSSILISMUS. Gelatin and the German Giants
Seven lecturers, one Düssilismus
Forty minutes, three-hundred-seven +
Nine-and-a-half kilograms
Seven-hundred-and-twenty-seven theses,
Two canons
One choir, three counter-canons, five liters
Four solo combos, four triple combos
Six duo combos, one Gelatin

Folgende Doppelseite | following spread: **Gelatin**, **Franz Graf**,
Installationsansicht | installation view KAI 10

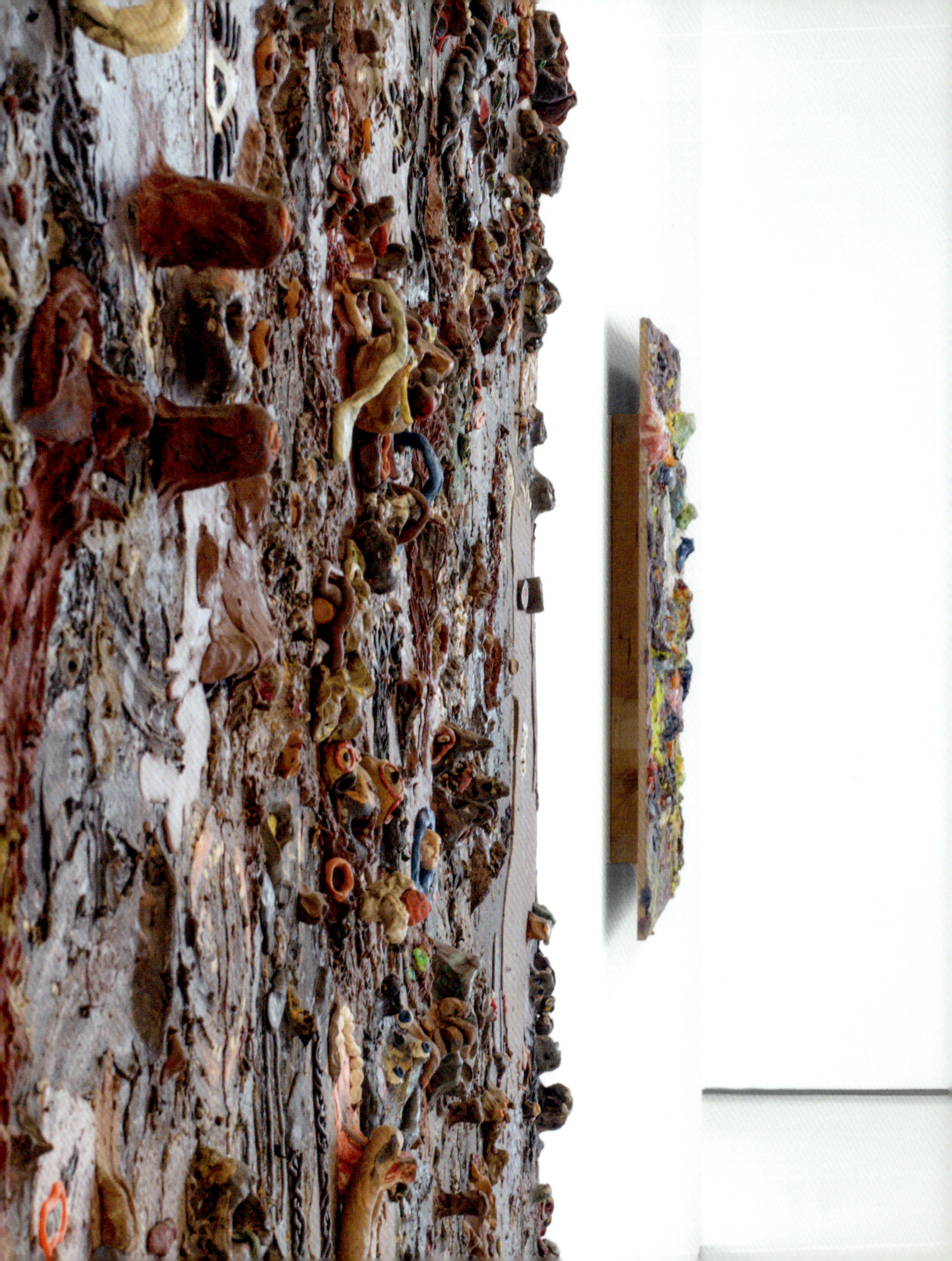

SIEH W ICN

Impressum | Colophon

Dieser Katalog erscheint anlässlich der Ausstellung | This catalogue is published on the occasion of the exhibition

Spirit of Austria. Eine Ausstellung zur österreichischen Kunst | An Exhibition on Austrian Art
3. Oktober 2015 bis 20. Februar 2016 | October 3, 2015 to February 20, 2016 in KAI 10 | Arthena Foundation

Ausstellung | exihibtion:

Kurator | curator:
Zdenek Felix

Koordination der Ausstellung | exhibition coordination:
Marion Eisele, Julia Schleis, Nora Krause

Assistenz | assistance:
Tanja Fernholz, Susanne Kalf-Muhtaroglu, Birgit Popien, Waltraut Sesko

Dank an | thanks to:
Büro Weltausstellung, Wiener Art Foundation; Galerie Krinzinger, Wien | Vienna; Giò Marconi, Mailand | Milan; Galerie Meyer Kainer, Wien | Vienna; Galerie Thaddeus Ropac, Salzburg; Martin Hofmann; Kathrin Luz; Malkasten Düsseldorf; Maik Prus; Slg. Wilhelm Otto Nachf.; Olga Wukonig; Tatjana Zschirnt

SPIRIT *of* **AUSTRIA**

gefördert durch | supported by:

BUNDESKANZLERAMT ÖSTERREICH

österreichisches kulturforum[ber]

KAI 10 | Arthena Foundation
Kaistraße 10
40221 Düsseldorf
Tel. +49 (0) 211 99 434 130
Fax +49 (0) 211 99 434 131
info@kaistrasse10.de · www.kaistrasse10.de

Vorsitzende | chairwoman Arthena Foundation:
Monika Schnetkamp

Künstlerischer Direktor | artistic director:
Zdenek Felix

Kuratorin | curator:
Julia Höner

Projektleitung | project management:
Julia Schleis, Marion Eisele

Wissenschaftliche Mitarbeiterin
research assistant:
Susanne Kalf-Muhtaroglu

Restauratorin | conservator:
Nora Krause

Haustechnik | facility management:
Paul Rosenthal

Katalog | catalogue:

Die Deutsche Nationalbibliothek verzeichnet diese Publikation in der Deutschen Nationalbibliografie; detaillierte bibliografische Daten sind im Internet über http://dnb.dnb.de abrufbar.
The German National Library lists this publication in the German National Bibliography; detailed bibliographic data is available on the Internet at http://dnb.dnb.de.

Herausgeber | editor:
KAI 10 | Arthena Foundation, Düsseldorf
Monika Schnetkamp & Zdenek Felix

Redaktion | editing:
Marion Eisele, Julia Schleis

Gestaltung | design:
Bobbi Fleisch

Texte | texts:
Zdenek Felix, Robert Fleck, Monika Schnetkamp

Übersetzung | translation:
Barbara Lang, Allison Plath-Moseley (S. | pp. 10–12)

Lektorat | copy editing:
Julia Schleis, Marion Eisele, Katrin Günther

Lithografie | lithography:
Henning Krause

Fotonachweis | photo credits:
Roman März außer | except for: Franz Graf (S. | p. 27), Henning Krause (S. | pp. 12/13, 38/39), Simon Vogel (S. | pp. 33, 35, 39, 42)

Produktion | production:
DISTANZ Verlag, Sonja Bahr

Gesamtherstellung | production:
DZA Druckerei zu Altenburg GmbH

Vertrieb | distribution:
Gestalten, Berlin
www.gestalten.com
sales@gestalten.com

ISBN 978-3-95476-130-2
Printed in Germany

Erschienen im | published by
DISTANZ Verlag
www.distanz.de

KAI 10 | ARTHENA FOUNDATION

DISTANZ